A Magia Sagrada dos
ANJOS

David Goddard

A Magia Sagrada dos ANJOS

Tradução
GILSON CÉSAR CARDOSO DE SOUSA

EDITORA PENSAMENTO
São Paulo

Título do original:
The Sacred Magic of the Angels

Publicado originalmente por Samuel Weiser, York Beach, ME, USA.

Edição	Ano
1-2-3-4-5-6-7-8-9	98-99-00

Impresso em nossas oficinas gráficas.

DEDICATÓRIA

para João da Águia,
que conduz o Cordeiro;

e para

Roma, minha mãe,
que me ensinou a valorizar a história, a natureza e o
"maravilhoso"
como livros escritos pelo
Dedo de Deus.

Sumário

Lista de Figuras		9
Prefácio		11
Agradecimentos		13
Introdução		15
Capítulo 1	Os Senhores da Chama	29
• *Exercício 1*	*Beth-Malakhim — O Templo dos Anjos*	47
Capítulo 2	Magia Lunar	55
• *Exercício 2*	*O Círculo da Lua*	71
Capítulo 3	Trazendo a Cura nas Asas	77
• *Exercício 3*	*Os Servidores do Altar da Vida*	91
Capítulo 4	Pelos Sinais os Conhecereis	97
• *Exercício 4*	*A Invocação dos Seres Brilhantes*	112
Capítulo 5	Os Devas	119
• *Exercício 5*	*A Cura de Logres*	131
Capítulo 6	Talismãs de Poder	139
• *Exercício 6*	*A Árvore da Lua*	157
Capítulo 7	Ficai Conosco	163
• *Exercício 7*	*Revestindo as Asas da Manhã*	180

Conclusão		185
Exercício 8	*O Templo do Coração*	190
Apêndices		193
Apêndice I	*As Escritas Angélicas*	193
Apêndice II	*Os Ciclos do Céu*	197
Apêndice III	*Deuses e Anjos*	199
Apêndice IV	*As Hierarquias da Luz*	201
Bibliografia		205
Estudo Complementar		207

Lista de Figuras

Figura 1 *A Tábua de Invocação da Lua* 63
Figura 2 *O Quadrado de Exclusão da Lua* 67
Figura 3 *Petições Angélicas* 100
Figura 4 *Os Sinais de Gabriel* 103
Figura 5 *Os Sinais de Samael* 104
Figura 6 *Os Sinais de Rafael* 105
Figura 7 *Os Sinais de Sachiel* 106
Figura 8 *Os Sinais de Haniel* 107
Figura 9 *Os Sinais de Cassiel* 107
Figura 10 *Os Sinais de Uriel* 108
Figura 11 *Os Sinais de Miguel* 110
Figura 12 *A Coroa do Esplendor* 141
Figura 13 *Trazendo Bênçãos ao Lar (frente)* 142
Figura 14 *Trazendo Bênçãos ao Lar (verso)* 143
Figura 15 *A Lâmpada da Descoberta* 145
Figura 16 *Ritual para Obter Justiça* 146
Figura 17 *Escudo do Anjo Guerreiro* 148
Figura 18 *O Espelho da Mente* 150
Figura 19 *O Raio* 151
Figura 20 *A Roda de Haniel* 153
Figura 21 *Proteção do Corpo, da Mente e da Alma* 155
Figura 22 *Os Seres Celestiais na Árvore da Vida* 202

Prefácio

Pertenço a uma linhagem de mestres e praticantes que, ao longo dos séculos, preservaram e transmitiram a magia dos anjos. Se hoje estamos no alto, é porque subimos nos ombros daqueles que nos antecederam. Foi a sabedoria e a devoção dessas pessoas, sua coragem e engenhosidade, seu humor e esperança e seu triunfo sobre a adversidade que tornaram este livro possível. Tive a bênção de receber deles os ensinamentos e a missão de legar a magia angélica à próxima geração.

Essa magia sagrada engrandece a vida e não pode ser usada para diminuí-la. Ela é simples de usar e invulnerável às más intenções.

Ao entregar a magia dos anjos ao domínio público, acrescentei a cada capítulo um exercício — uma meditação orientada ou uma cerimônia — destinado a elevar a consciência ao nível angélico. Também aprofundei o texto com tudo quanto pude captar em vinte anos de prática e ensino. Todo sistema espiritual tem de crescer e ser reinterpretado quando se quer transmiti-lo a outra geração.

O que os anjos nos trazem é a certeza de que vivemos num mundo no qual mesmo a mais densa escuridão encerra em si a Graça — fonte de toda magia e de todo milagre, Graça que reside na alma de cada um.

Agradecimentos

Minhas homenagens e gratidão a:

Harry Farrow e Bill Shepherd, que partilharam comigo suas alegrias angélicas e revigoraram a minha confiança; Madeline Montalban, por intermédio da qual compreendi o que estava fazendo; e Olive Ashcroft, cuja integridade e ternura brilham como uma estrela. Os quatro estão agora ao lado dos anjos.

Jim Pym, agente de cura e amigo, que continuou apegado à visão quando supus que ela se fora; Simon Buxton, companheiro e *heyokah*, o primeiro a me dizer que eu já dera à luz; Karen e Jeff Charbonneau-Harrison, cujo amor fulge através do Portão de Ísis e cujo estímulo nunca me faltou. Beth Allen, cujas preces me ampararam.

Murray Langham, "sacerdote do mar" oriundo da Terra da Grande Nuvem Branca, que me deu rosas de ouro; Kim Langridge, alma gêmea no Tempo, sem cujos registros muito se teria perdido; Z'ev ben Shimon Halevi — um *anjo* —, que com compaixão e humor ensinou-me o valor do bom senso, sobretudo quando estamos entre os Celestiais.

E meu parceiro Patrick, da terra do Sidhe, que é a grande bênção de Haniel na minha vida.

A todos vocês, *ad multos annos*... por muitos e muitos anos.

Introdução

[...] as estrelas da alva, juntas, cantavam alegremente e todos os filhos de Deus rejubilavam [...][1]

Antes de todos os começos existia o Um. Para além de qualquer entendimento ou compreensão transcendente, sozinho na bem-aventurança inexprimível, o Um permanecia de eternidade em eternidade. No âmago dos secretos desígnios de Seu ser, Ele quis criar. Do transbordamento do amor eterno brotou o desejo de espelhar Sua beatitude, de derramar a plenitude de Sua vida infinita e, assim, transfundir-se na multiplicidade dos seres. Pois que nada havia exceto o Um, Sua criação só poderia acontecer Nele mesmo. O Um, tornando-se o Grande Iniciador — desejoso de promover a criação —, tornou-se também o sacrifício primal; e, assim, o Um se fez muitos. Sete grandes espíritos se projetaram do coração do Eterno: foram os Elohim, os Sete Espíritos diante do Trono.

Os Elohim atuam como um prisma através do qual se refrata a suprema refulgência branca do Um. Eles são os executores da Vontade criadora. Os Elohim são sete, sete príncipes investidos de

1. Jó, 38:7.

poder cósmico: Uriel, Tzadkiel, Khamel, Rafael, Haniel, Miguel e Gabriel, sete arcanjos da Presença, por intermédio de quem esplende, imaculado, o revérbero divino. Os arcanjos foram formados de pura luz/força/energia e eram conhecidos, nos textos antigos como "Senhores da Chama".

Desdobraram-se então no ser os planos da existência, reflexos do Um emanados do espírito ígneo, gerando os planos mental e astral até que, pela interação dos elementos — projeções das Letras vivas do Nome —, o mundo físico se constituiu plenamente. Através desses Quatro Mundos[2], como são nomeados na Cabala, fluiu a vida divina, trazendo em Si o potencial da superabundância das criaturas vivas. Todas as coisas foram "sonhadas" na mente de Deus.

Pela vontade do Um, mediada pelos Elohim, surgiram as hostes angélicas, espíritos inumeráveis de puríssima luz, hierarquias celestes encarregadas de desempenhar as várias funções exigidas por uma criação. Em torno do alvo Sol do Eterno eles se perfilharam, qual coroa de miríades de cristais, refletindo e refratando a glória divina.

Cada anjo foi criado como uma entidade imortal, um ser de pura consciência, sem as limitações do tempo e do espaço. Todos eles estão em íntima comunhão com o Um, exultando em perpétua bem-aventurança e banhando-se na energia radiante que emana da Divindade. Por refletirem o Criador, os anjos, segundo seu grau hierárquico, constituem um foco de poder, sabedoria e amor — e, como o Um, são beleza. Um anjo transmite a luz divina sem distorções, agindo em total harmonia com a vontade do Um: sua vontade é a vontade de Deus.

O plano espiritual passou a ser habitado quando os anjos vieram à existência. Para que a vontade do Um se concretizasse, os anjos (Filhos da Manhã) como que se transformaram em vasos nos quais o Um Infinito verteu Seu poder para que, graças a eles, os

2. Tradicionalmente chamados mundos da Emanação, da Criação, da Formação e da Manifestação.

mundos, e tudo o que deveria neles viver, pudessem existir. Pelo ministério dos anjos, esses mundos seriam mantidos e sustentados. Os arcanjos, sendo consciência pura, receberam a "forma-pensamento" da criação diretamente do Espírito divino. Como a planta que o arquiteto apresenta aos construtores para que a sigam, os anjos captaram diretamente na sua consciência o Supremo Projeto elaborado pelo Grande Arquiteto do Universo. Desse modo, pela comunicação de idéias arquetípicas, o plano mental começou a se desenvolver. Como filhos do Criador, também os anjos têm o poder de criar. Da mesma forma que o Um projetou de Sua mente as idéias divinas e elas assumiram existência, as criaturas angélicas, segundo seu grau hierárquico, eram e ainda são capazes de criar a partir dos detalhes do Supremo Projeto que guardam no espírito.

É crença popular que o Um, a Divindade, tudo criou pessoalmente. Imagens do Criador pintando cada asa de borboleta ou dourando as escamas de cada peixe eram corriqueiras no ensino religioso vitoriano. No entanto, como o arquiteto, o Um visualiza e determina tudo o que deve surgir, enquanto os anjos, os construtores do universo, executam o projeto e plasmam a visão do Divino Artista. Os anjos, porém, não são meros autômatos que apenas edificam; são também os artífices que adornam e aformoseiam as determinações do Alto. Do nível dos planos espiritual e mental superior, os entes angélicos planificam com suas mentes imortais os padrões energéticos dentro dos quais a matéria será construída. É como se o Um fosse um gigantesco Sol a lançar luz por toda parte: os anjos absorvem a luz/energia, concentram-na e projetam-na sobre a área em que estão atuando.

Onde quer que os anjos operem no plano da existência, sua função primária é estabelecer as linhas de força. Essas "linhas" lembram as correntes marítimas. A energia difusa do Um é focalizada pelos anjos em moldes dentro dos quais as formas podem ser elaboradas. Essas linhas primárias são o limite máximo, às vezes chamadas de o Cubo do Espaço; elas definem o perímetro da criação: sua altura, largura e profundidade, marcam os limites do jardim fechado do tempo e do espaço onde a vida florescerá.

A divina mente do Um nutre uma idéia arquetípica. Pela mediação dos Elohim, essa idéia se transfere para o plano espiritual, onde os arcanjos lhe conferem substância e força. Em seguida, desce para o plano astral, onde os anjos lhe insuflam matéria primordial e formas múltiplas. Assim, por exemplo, o arquétipo "gato" se transforma nos vários gatos das diferentes raças e variantes. A essa imagem astral a matéria física — combinação dos quatro elementos — vem aderir e, crescendo, chega à plena manifestação. Tudo o que existe no plano físico preexistia na mente divina; depois, revestiu-se de força espiritual (ou de um padrão de energia) e, finalmente, de uma forma astral a partir da qual pudesse se desenvolver e graças à qual conseguisse se perpetuar. A criação flui dos planos internos (divino, espiritual e astral) em direção ao físico — e tudo aquilo que vemos é, na origem, uma idéia na mente de Deus. Já que o Um é o "Deus Vivo", as idéias cultivadas na mente eterna são vivas também; e, na sua mais recôndita essência, igualmente eternas.

Por isso o pensamento do ocultista difere tanto do pensamento da maioria das pessoas. O estudioso do ocultismo sabe que o poder da causação reside nos níveis interiores do ser: o que ali sucede procurará automaticamente, pela dinâmica universal, manifestar-se no plano físico. Portanto, o que parece "mágico" (no sentido trivial da palavra) aos olhos dos não-iniciados consiste na verdade na aplicação científica de leis pouco conhecidas, por intermédio das quais as coisas se manifestam vindas aparentemente do nada. Muita gente supõe que o plano físico é a realidade e, se chegam a refletir sobre os planos interiores, fazem deles uma imagem um tanto insubstancial e vaga. Ora, na realidade os planos interiores são mais "reais" e dão nascimento ao físico.

Quem quer que tenha tido contato direto com os planos interiores sabe disso. Seja por uma experiência de quase-morte, seja pelo emprego de técnicas de expansão da consciência (meditação, projeção astral, viagem espiritual xamânica ou um profundo trabalho de *pathwork*), essas pessoas vislumbraram o poder, a beleza e o encantamento dos níveis interiores da existência, dos quais a obra física é mera sombra.

Isso não significa desdenhar o nível físico ou propor que se fuja dele, pois a matéria, como tudo o mais, é de origem divina, a roupagem do Eterno. Infelizmente, muitos confundem a roupa com Aquele que a veste.

O mesmo se pode dizer de inúmeras concepções a respeito da individualidade humana. Alguns se apegam tão fortemente à sua roupagem física, a seus corpos, que estes se tornam "tudo" para eles. Outros, conhecedores da psique, do nível anímico, graças à análise e à auto-observação, crêem que esse nível de emoções e reações intempestivas constitua o verdadeiro núcleo do ser. Mas o místico e o mago sabem: "Fizeste-nos à imagem de Tua própria eternidade; fomos criados espíritos imortais para espelhar Deus na Terra."

A Criação

Depois que as linhas de força de um universo são traçadas no plano astral, os átomos que constituem a matéria começam a preencher a trama que essas linhas definiram. Um número inconcebível de átomos de hidrogênio se junta e se sobrepõe para formar densas nuvens. Havendo já suficiente material agregado, um dos arcanjos solares assume a nuvem como seu corpo. Ocorre a ignição e nasce uma estrela!

As miríades de estrelas são a primeira encarnação da luz divina, mas são também os corpos físicos dos arcanjos cósmicos. O Sol, estrela diurna do nosso próprio sistema planetário, é o corpo físico de um grande arcanjo, um dos Senhores da Chama. A esse tipo particular de ser angélico chama-se um "Logos Estelar". As estrelas são os corpos físicos, e suas auras cobrem toda a área dos sistemas solares que os rodeiam. Seus chakras, centros de especialização, são os planetas que orbitam dentro do sistema solar, filhos do Sol. Para toda vida gerada num sistema planetário, o arcanjo que é o Logos Solar constitui a fonte de luz, de vida e de amor. Em nosso planeta tudo é adaptação da força solar e toda criatura viva é um canal para a corrente de energia vital que emana de nosso Logos Solar, criador deste sistema. O planeta Terra proveio do coração do Sol; e todas as formas de vida que depois surgiram e se desenvolveram nele são solares/estelares em sua origem e continuam existindo fisicamente graças à adaptação da energia solar. Com sabedoria, os antigos reverenciavam o Sol como "o número visível do Altíssimo". Nosso Logos Solar recebe a influência dos Elohim por intermédio dos outros senhores estelares e, ele, por sua vez, irradia a sua própria para os planetas que o rodeiam. Cada planeta do nosso sistema é um chakra planetário, a personificação de um tipo especializado de energia espiritual que permeia a criação. Esse conhecimento forma a base da astrologia esotérica e da magia planetária.

Depois que um Logos Solar gerou seus planetas e montou seu sistema — abriu sua loja —, diversas hostes angélicas acorrem para fomentar a evolução da vida sensível naquele sistema. Essas hostes angélicas supervisionam o desenvolvimento dos planetas e de seus satélites para que, no curso de éons, cada qual possa desdobrar-se como expressão perfeita da idéia primitiva criada pela mente do Um.

A Terra

Um planeta não é uma massa inanimada que gira em torno de um Sol; é um ser vivo que optou por evoluir animizando uma massa planetária. Esse ser planetário não pertence à esfera evolutiva dos anjos, mas ao topo do reino dos elementos. Os anjos da natureza podem ser considerados como as parteiras de um planeta, acompanhando e facilitando a encarnação da vida.

Os primeiros milênios da existência de um planeta se escoam enquanto as forças titânicas dos elementos procuram firmar entre si um relativo estado de equilíbrio. À medida que as pressões e o dinamismo dos elementos começam a harmonizar-se, cada poder passa a alimentar os outros três. Temos um exemplo disso no ciclo da água: ela se evapora pelo fogo (calor solar), transforma-se numa nuvem gasosa que novamente se condensa e cai sob a forma de chuva, nutrindo a terra e penetrando nas profundezas do planeta para, finalmente, emergir nas fontes que abastecem os rios e correm para o mar, enriquecendo-o de sais da terra. Muita água que hoje emerge do solo em jatos borbulhantes caiu como chuva dez mil anos atrás. Esse ciclo é bastante complexo, com inúmeras ramificações, e só uma consciência angélica pode acompanhá-lo em todas as etapas, operando os delicados ajustes das tremendas forças que o compõem e mantêm em equilíbrio.

De um modo geral, os planetas evoluem graças à vida das criaturas que eles sustentam. Nas etapas iniciais de sua existência, a necessidade que este planeta tinha de experiência e crescimento foi atendida pelos elementais, espíritos que habitam os elementos no nível etérico, e isso bastou. Depois, sensores mais sofisticados e formas de vida mais complexas foram necessários para assegurar a expansão cada vez maior da consciência da Terra.

Os devas, anjos da natureza, começaram a gerar formas avançadas por meio das quais a vida pudesse exprimir-se. Vieram primeiro as bactérias e os organismos unicelulares; em seguida, formas mais complexas, que podiam extrair energia diretamente do Sol (reino vegetal); mais tarde, criaturas aptas a tomar energia de outras formas de vida (animais que absorvem alimento do ambiente em que vivem por intermédio das plantas e de outros animais). Graças à sua absorção de energia, essa flora e essa fauna podiam ter um corpo; e, no devido tempo, desfazer-se desse corpo, que por sua vez passava a alimentar o resto do sistema ecológico. Toda vez que um organismo mais sofisticado assumia existência física, a consciência do planeta aumentava na mesma proporção.

Faz-se necessário um corpo, um veículo, para que a alma interior atue sobre o nível em que o corpo é construído. Sem o corpo, a alma não pode ter sensibilidade ou reação aos estímulos daquele determinado nível. Assim, precisa do corpo para passar pelas experiências que são parte da existência nesse nível de ser. Isso se aplica a todas as esferas. Há um corpo etérico que funciona como a trama energética de sustentação do veículo físico; um corpo astral cujos órgãos sensoriais são as emoções, atuantes nos níveis psíquicos; e um corpo mental que se move nas esferas luminosas do espírito. Esses veículos capacitam uma consciência também difusa, a se concentrar e a atuar em qualquer esfera na qual venha a se manifestar.

As inúmeras espécies de minerais, vegetais e animais (vinte e quatro variedades conhecidas de libélulas, milhões de peixes, as gigantescas baleias, a profusão de pássaros que adejam entre a Terra e o Céu, tudo aquilo que nada, rasteja, voa, corre ou caminha) são, cada qual, uma expressão única, na Terra, da visão do Artista Eterno, concretizada pela mediação dos anjos. A incrível beleza que observamos à nossa volta neste maravilhoso planeta foi criada graças aos anjos. O sentido do belo, o *numen* que percebemos na natureza, é a nossa resposta psíquica à mente angélica que concebe e nos apresenta os fenômenos naturais. A beleza do nosso mundo é, na verdade, uma "criação das criaturas"; mas no núcleo de cada átomo existe um fóton de luz que é a onipresença do Um, Aquele-que-É-Tudo-em-Tudo.

As lendas falam do arcanjo Haniel ornamentando a Terra. Contam-nos como Haniel tocou todas as coisas naturais e as fez belas com a "Raiz da Criação". A "Raiz da Criação" é identificada no Oriente com o *ginseng* e no Ocidente com a mandrágora. Disfarçado como Oberon, Rei dos Elfos, Haniel vestiu a Terra de esplendorosa verdura, com florestas, bosques e vastas pradarias de relva tenra, com flores, folhagens e botões — até que a Terra semelhasse um altar em louvor do Um.

O sentido mágico dessa lenda é que, *uma vez encarnados*, temos de invocar a Raiz da Criação para gerar "algo de grande beleza" que nos assista na nossa labuta.

As esferas astrais, cujas maravilhas lemos na literatura espiritualista — paisagens e templos do plano interior que ultrapassam a fantasia dos mortais —, também são resultado do trabalho angélico.

Os Sagrados Poderes Animais

Depois que a Terra se tornou um ecossistema equilibrado, os anjos iniciaram a manifestação e o aprimoramento do reino animal. Os animais têm um corpo, um etérico e uma alma; e têm também personalidade, como qualquer dono de bichinhos de estimação pode atestar. Eles diferem dos homens pelo fato de uma espécie animal ter um espírito coletivo ou Eu Superior.

Tomemos como exemplo um gênero, a família dos gatos. O Eu Superior de *todos* os gatos é um arcanjo. Desde que a família dos felinos surgiu no planeta, esse arcanjo particular — o Grande Gato — absorveu o padrão de energia espiritual que constitui o espírito de todos os gatos. Esse aspecto da missão angélica é muito bem descrito no romance *The Place of the Lion*, de Charles Williams[3]. O Grande Gato vela por todos os gatos encarnados, de pequeno e grande porte. Com o tempo, ele foi aperfeiçoando a evolução física da família felina e, repetindo experiências, produziu espécies melhor adaptadas a seu ambiente. O Grande Gato tem plena consciência de todos os gatos que existem — do leão ao gato de beco —, e cada criatura em separado enriquece o arquétipo original com suas próprias experiências. O anjo da família felina é a resposta ao poeta William Blake, quando este pergunta ao tigre: "Que mão *imortal*, que olho esboçou tua apavorante simetria?"[4] Uma vez que todos os gatos estão ligados no nível mais profundo, ferir um é ferir todos. O propósito da família felina — seu destino — é expressar na Terra uma parcela específica da visão divina que nenhuma outra forma de vida conseguiria expressar.

Na história do nosso planeta, algumas espécies se tornaram supérfluas. Elas foram úteis em determinada época, mas acabaram sendo superadas e removidas do nível físico. Elas ainda podem ser encontradas nos mundos superiores e talvez venham a manifestar-se novamente em outros planetas do universo que passam pelas mesmas etapas de desenvolvimento já vencidas pelo nosso. Os dinossauros oferecem um exemplo óbvio disso, mas existem muitos outros. Os anjos são realistas consumados: como qualquer

3. Charles Williams, *The Place of the Lion*, Grand Rapids, MI, Eerdmans, s/d.

4. William Blake, "The Tygre", in *Blake: Complete Writings*, org. por Geoffrey Keynes, Londres, Oxford University Press, 1966, vv. 3-4.

criador, encorajam as linhagens bem-sucedidas e eliminam as que se revelam imprestáveis. Conforme disse um professor, "Nenhum pássaro jamais estudou aerodinâmica, mas os anjos estudaram" — de fato, eles a inventaram!

Não existe nada de "piegas" ou sentimental nos devas da natureza. Mas sua aparente dureza não é resultado da insensibilidade, como tantas vezes sucede nas relações entre o homem e o animal. Os anjos *sabem* que a vida não pode ser extinta. Um ser, embora mude e assuma inúmeras formas ao longo de sua jornada, é eterno. Não existe morte, somente mudanças de mundos.

Em comparação com os homens, muitos animais chegam à maturidade num espaço de tempo bem curto. Afora algumas lições básicas ministradas pelos pais (até as águias novas precisam de um empurrãozinho), os filhotes já exibem um espantoso repertório de habilidades. Chamamos "instinto" a esse conhecimento inato, querendo dizer com isso que, de certa forma, eles têm acesso direto à informação de que necessitam. Isso acontece porque a soma de experiências da espécie fica armazenada na *mente grupal* e torna-se acessível a todos os indivíduos que a compõem. A mente grupal é animada pelo arcanjo que atua como o espírito da espécie, seu Santo Anjo Guardião.

Na tradição xamânica, os anjos das espécies costumam ser chamados de Sagrados Poderes Animais. Quando um xamã, em transe, percorre os níveis interiores, vai em busca de um "poder animal". Encontrando-o, passa a ter nele um ajudante ou aliado: o xamã recebe conselho e energia do poder animal. Para distinguir os membros de uma espécie animal do anjo que o anima, os xamãs falam em "Búfalo" ou "Falcão", referindo-se assim ao proto-animal divino, ao anjo, e não aos animais físicos que dele provieram. Aqueles que jornadearam em espírito para procurar um totem sabem que o poder animal, ao ser encontrado, encerra a energia divina que, muito antes do primeiro contato, já impressionava a alma do investigador quando este avistava membros daquela espécie.

A Humanidade

Certa vez, um zoólogo tomou o espaço de um ano como modelo para representar a história biológica. Segundo esse modelo, a humanidade apareceu na Terra às 23:40h do dia 31 de dezembro. Com o advento da humanidade, a evolução do planeta Terra deu um salto quântico.

O ser humano é a média matemática entre a galáxia e o átomo. Colocado entre o mais amplo e o infinitesimal, ele representa o microcosmo — a face menor — que pode contemplar *conscientemente* o rosto do Um. O corpo humano contém tantas células quantos corpos humanos seriam necessários para formar a massa de uma estrela.

O corpo humano básico evoluiu a partir dos grandes símios ou primatas. Todavia, existe uma diferença entre a constituição humana e a constituição do reino animal. Consta que os Elohim esboçaram o homem segundo sua própria aparência: "Façamos o homem à nossa imagem e semelhança" (Gênesis, 2:26). Não quer dizer, porém, que sejamos idênticos aos Elohim; a imagem é um pouco mais sutil do que isso. Os homens, diferentemente das outras criaturas terrenas, têm sete chakras, também chamados sete estrelas interiores, que funcionam como centros de recepção e distribuição das energias sutis. O candelabro de sete braços — o *menorah* — que ficava guardado no Tabernáculo de Moisés e no Templo de Salomão, simboliza a natureza sétupla da humanidade e reflete os poderes criadores. Isso significa que os Elohim estão ao mesmo tempo dentro e fora de nós, o que torna possível a nossa comunicação com eles.

Quando a forma humana estava completa, pela primeira vez neste sistema, o Logos Solar convocou aquelas centelhas divinas do coração do Um que haviam optado por vestir roupagem carnal e conhecer sua própria natureza divina numa consciência plenamente desenvolvida. Para que esse desenvolvimento potencial fosse completo, elas receberam inteira liberdade.

O livre-arbítrio não é apenas a faculdade de fazer uma escolha, de tomar uma decisão; é também a capacidade de atuar em diferentes níveis de consciência, do supraconsciente ao inconsciente. A "vontade", consciência em ação, pode ser dirigida livremente. Os seres humanos têm livre-arbítrio porque têm também um Eu Superior individual, que não é compartilhado por outros de sua espécie. Portanto, cada homem possui individualidade plena, um Eu Superior independente, e tem o potencial para operar a união *consciente* com o Divino.

Os primeiros seres humanos eram criaturas vulneráveis e indefesas que viviam num ambiente hostil. E foi aos sagrados poderes animais que essa humanidade primitiva recorreu em busca de técnicas de sobrevivência. Observando o reino animal, nossos ancestrais aprenderam quais raízes, ervas, frutas e cascas eram comestíveis ou medicinais; como caçar; como prever o tempo e como exercitar uma empatia sensível com a terra. À medida que a humanidade foi aumentando, alguns desses sagrados poderes animais tornaram-se totens de clãs ou tribos, entidades de máxima importância para o bem-estar dos grupos. Com o tempo, os cultos dos vários totens tribais se transformaram em panteões de divindades, cada qual com seu mito e liturgia. Assim, os anjos foram os primeiros deuses adorados pelos homens. Os anjos que vivificam o reino animal, os devas que presidem às montanhas, lagos e árvores, e os *genii loci* eram venerados pelos homens primitivos. Mais tarde, esses cultos se cristalizaram nos grandes panteões da história clássica, sendo as formas divinas astrais formas-pensamento criadas pela humanidade a fim de que os anjos pudessem revestir-se delas, e, desse modo, penetrar na consciência coletiva dos homens.

Nos tempos primordiais, apresentaram-se à tosca humanidade os grandes espíritos que a tradição chama de Anjos-Mestres dos Homens. Esses professores angélicos vieram preparar a consciência humana para sua tarefa e informá-la tanto da natureza do universo quanto de seu lugar no esquema geral. Os anjos-mestres entraram em contato com os espécimes humanos que se mostravam naturalmente sensíveis aos níveis interiores. Hoje damos a essas pessoas o nome de sensitivos, mas então eram qualificadas de sonhadores, indivíduos dotados de faculdades imaginativas e intuitivas altamente desenvolvidas.

A imaginação — capacidade de formar imagens mentalmente — é essencial para a comunicação entre os diversos níveis. As formas mentais são tão concretas em seu próprio nível quanto as físicas no nosso. Tudo é questão de vibração. Os anjos constroem as coisas por projeção mental. A criação dos universos pelo Um foi um *ato de criação mental*. Nada há no mundo físico atual que não tenha estado antes na consciência, sob a forma de imagens. A faculdade humana de imaginar integra o potencial de nossa própria natureza divina. Samuel Coleridge, o poeta místico, escreveu:

> Creio que a imaginação primária seja o poder vivo e o agente original de toda percepção humana, e como que uma réplica, na mente finita, do eterno ato de criação no *EU SOU* infinito.[5]

Os anjos-mestres instruíram os primitivos sonhadores e videntes mediante sinais e símbolos, mas também utilizaram os reinos vegetal e animal como seus mensageiros. No decorrer do tempo, os sonhadores se tornaram os primeiros sacerdotes e sacerdotisas, e articularam o ensinamento recebido dos anjos num sistema de teurgia, de magia sagrada. Seu objetivo era capacitar homens e mulheres a invocar os anjos em auxílio de seu processo evolucionário.

Todas as tribos, nações, civilizações e culturas falam, em suas lendas e mitos, dos Seres Luminosos. Contam-nos como essas Criaturas Aladas vinham amparar e socorrer, curar e libertar os necessitados. Entre alguns indígenas norte-americanos, tais seres eram chamados manitôs, "Pequenos Mistérios". Para hindus e budistas, eles são os devas, termo de significação idêntica à do epíteto que lhes davam os celtas (o povo místico do Ocidente): os Brilhantes.

Na primavera do mundo, homens e anjos se comunicavam livremente, cônscios de sua relação e parentesco pela vida do Um. Mas à medida que a humanidade foi se aprofundando na matéria para desenvolver outros aspectos da consciência, os anjos começaram a se afastar.

---

5. Samuel Taylor Coleridge, *Biographia Literaria*, org. por George Watson, Boston, C. E. Tuttle, 1993, p. 167.

Segundo uma profecia, na Era de Aquário — a atual —, os anjos e os homens aprenderão a caminhar juntos novamente. E é para garantir o cumprimento dessa profecia que a Magia Sagrada dos Anjos vai agora espalhar-se pelo mundo.

Capítulo 1

Os Senhores da Chama

O que de seus anjos faz espíritos e de seus ministros labaredas de fogo.[1]

Na prática da magia sagrada, invocam-se nove seres angélicos principais, chamados tradicionalmente os "anjos-Mestres dos Homens". São seis arcanjos e três anjos. Entretanto, o sistema não se restringe a esses nove. Existem também técnicas para se alcançar a assistência de qualquer membro das hostes aladas, embora os anjos-mestres sejam os principais "agentes" da obra angélica. Trabalhando com esses nove Anjos de Luz, aceleramos a nossa evolução do individual para o universal.

Os arcanjos são seres reais de condição supra-humana, apesar de não terem o corpo físico. *Senhores da Chama*, pertencem a um grau anterior à humanidade. Eles organizam as forças da criação. Os anjos não têm sexo. Sua verdadeira forma ultrapassa nossa capacidade de compreensão, lembrando um pouco certos padrões geométricos complexos, e são incandescentes como fogueiras. Os anjos, porém, assumem formas que podemos captar, e o fazem

1. Hebreus, 1:7.

por duas razões: para que os percebamos num nível mais próximo do nosso e para velar (ou amenizar) a intensidade de suas vibrações a fim de conseguirmos suportá-las. Geralmente os anjos aparecem sob forma humana, com estatura elevada. Seus olhos são grandes e oblíquos, sendo às vezes descritos como olhos "felinos" ou "de elfos". Suas auras imensas costuma dar a impressão de largas asas vivamente coloridas. De quando em quando, apresentam-se como pilastras de luz e cor, deixando visíveis apenas os traços do rosto. Para trabalhos de proteção é melhor construir a imagem antropomórfica de homens jovens e fortes, com poderosas asas de águia, sob cujo abrigo tudo está em segurança.

Examinaremos um por um os nove anjos-mestres. Darei apenas algumas sugestões para visualizá-los, como base para que os leitores elaborem *suas próprias imagens pessoais* desses Seres Brilhantes.

O Arcanjo Miguel

Miguel é o Senhor Angélico do Sol, o Príncipe do Céu, que rege o signo zodiacal de Leão, o signo real. Domingo é o seu dia de poder. Seu nome significa "Perfeito de Deus".

O arcanjo Miguel colabora em todos os projetos realizadores ambiciosos e honestos, ajudando desde o presidente do clube local até o primeiro-ministro. De fato, Miguel controla todos os aspectos do governo, embora os sábios tendam a privilegiar antes o "governo de si mesmo". Ele pode nos ajudar a cumprir nosso destino nesta encarnação. Vela pelos casamentos e a aliança de ouro é um objeto sagrado a seus olhos. Protege a música em toda as fases, da composição à execução. É também o patrono de todos os verdadeiros sacerdotes e o anjo do Verão, período de máxima luz.

A "órbita cronológica" do arcanjo Miguel, isto é, o prazo máximo em que manifesta os resultados de sua magia, corresponde a um ano, tempo em que o Sol leva para percorrer os doze signos do zodíaco.

Diversas criaturas respondem à energia de Miguel. Todos os gatos — do doméstico ao tigre, do siamês ao leão — são seus e ele pode ser invocado para ajudar um gato que estimamos. O arminho, cujo pêlo de inverno veste os reis, também é de Miguel, como é o melro, o pássaro-druida dos celtas. Seus insetos são a borboleta amarela e a típula. Sua árvore é o loureiro, que a Grécia antiga atribuía a Apolo. A laranja e a romã, o girassol e o cravo, bem como todos os tipos de orquídeas e ouro, recebem energia desse arcanjo.

O arcanjo Miguel pode ser visualizado como uma figura formada de luz solar viva e quente, com grandes auras ou asas tingidas de dourado e rosa salmão. Empunha uma lança de fogo: a Lança do Sol. Não é fácil contemplar-lhe a face incandescente, que lembra o disco solar.

O Arcanjo Gabriel

Gabriel é o Senhor da Lua, governante das marés interiores e guardião do tesouro das almas e imagens. Operando quase sempre nos planos etérico e astral, este anjo é de extrema importância para a magia. Gabriel instrui sobretudo por meio da mente subconsciente, onde age como arauto do Eu Superior. Recorre-se a ele para o desenvolvimento de diversas faculdades parapsíquicas, dada a relação destas com o corpo sutil astro-etérico, e para o enriquecimento da imaginação. Gabriel rege o outono, estação das colheitas.

As noites da Lua Cheia ou Lua Nova são consagradas ao arcanjo Gabriel, e também a segunda-feira (*Monday*, "dia da Lua", em inglês). Ele vela por todos os detalhes domésticos, do mobiliário aos utensílios. Quando precisamos de camas novas e não podemos comprá-las, é a Gabriel que devemos invocar.

Para diversos assuntos em que você necessite invocar o arcanjo Gabriel utilize as Tábuas de Poder apresentadas no Capítulo 2. Todavia, há casos em que, sendo a assistência dele imprescindível, a Lua não está na fase oportuna. Nessa circunstância, recorra ao formato do "Requerimento" com "sinais de chamada" discriminados no Capítulo 4. Há ainda um talismã especial de Gabriel, e instrumentos para uso nas necessidades domésticas, explicados no Capítulo 6. Gabriel é também o anjo que se invoca para encontrar uma nova casa, mas cumpre pedir um "lar bom e feliz".

A "órbita cronológica" do arcanjo Gabriel ocorre em múltiplos de três: três semanas, três meses ou nove meses. Sugestões sobre o modo de visualizar Gabriel, uma discussão sobre seus sinais, bem como exemplos de suas criaturas e plantas, aparecem no Capítulo 4.

O Arcanjo Samael

Samael é o Grande Anjo Protetor. Rege o planeta Marte e os dois signos do zodíaco cujas energias são mediadas por esse planeta: Áries e Escorpião. Certas escrituras atribuíram a Samael uma reputação má, totalmente imerecida. Marte e Escorpião parecem ter tido alguma participação nisso. O dia santo de Samael é a terça-feira e nele convém invocá-lo.

O anjo Samael deve ser invocado em todos os assuntos que exigem coragem e perseverança até a vitória final, como a superação de obstáculos, a destreza manual e o vigor muscular, como ainda a segurança dos que servem nas forças armadas. Ele também protege o corpo físico e regula a interação com os nossos inimigos.

Há grande diferença entre "inimigos" e "rivais". Os rivais competem conosco em determinada esfera de atividade e, de fato, *nos ajudam*, porque tiram o melhor de nós, fazem-nos lutar com mais empenho e tornam-nos mais conscientes do nosso próprio potencial. Os inimigos não querem o nosso bem e só anseiam pelo nosso fracasso; no entanto, podem ser nossos professores e ensinar-nos coisas a nosso respeito que a maioria dos amigos jamais se arriscaria a insinuar. Surgem, porém, ocasiões em que precisamos nos proteger da malícia daqueles que se ligam a nós pelos laços do ódio. Os vínculos mais fortes que se estabelecem entre os homens são os do amor ou os do ódio — porque o ódio é o reverso do amor.

Os anjos não apreciam o ódio ou a violência, seja esta física, emocional ou mental, de sorte que o anjo Samael nunca destruirá um inimigo nosso. Os métodos dos anjos são mais sutis. Embora você possa imaginar que o seu "mundo" é vasto, na maioria dos casos ele não é. *Seu* mundo restringe-se aos lugares que você conhece e ao meio no qual você se movimenta regularmente. Quando o anjo é invocado para debelar um inimigo, ele simplesmente remove um de vocês dois do mesmo "mundo".

Com freqüência, tenho visto o inimigo de alguém encontrar nova oportunidade na vida — a oferta de um emprego ou uma promoção que lhe assegurará maior realização e felicidade em outra parte. Por vontade própria, ele se vai. Mas *você* replicará: "Eu não gostaria que nada de bom lhe acontecesse depois do mal que ele me causou." Pois aí mesmo é que reside a diferença entre os anjos e a maioria dos mortais. Um anjo consegue chegar à solução desejada sem violência; ele pode eliminar a agressão ou a maldade de um inimigo impedindo que este influencie a nossa vida, sem que precisemos enxovalhar a mente, o sentimento e a alma com a mácula do ódio.

O sinal de chamada do anjo Samael é a espada desembainhada e em riste. As criaturas que respondem à sua influência, por isso mesmo sagradas a seus olhos, são a raposa, o carneiro e o escorpião, bem como o pardal e o papo-roxo. Como árvores, ele tem o castanheiro, a araucária do Chile e todas as pimenteiras. O cardo, a urtiga, a peônia e todas as flores vermelhas, com exceção da papoula, são suas plantas sagradas. Também lhe são consagrados todos os insetos de ferrão, menos a abelha. O anjo Samael trabalha rápido e em geral o resultado de suas ações aparece em menos de três meses[2]. É visualizado como um grande ser envolto

2. A órbita do tempo refere-se ao máximo de tempo que os anjos levam para atender os pedidos que lhes são feitos. Conheço casos do arcanjo Miguel, cuja órbita do tempo é de um ano, que são atendidos oito dias depois da invocação e, em outro caso ainda, 360 dias depois. A órbita do tempo significa que, dentro desse determinado espaço de tempo, o resultado será conhecido.

em chamas escarlate, com revérberos esverdeados. Enverga uma armadura semelhante a um espelho, empunha uma espada de chama pura e traz um escudo branco onde se lê o Yod-He-Vau-He do Tetragrama sagrado.

O Arcanjo Rafael

O nome Rafael significa, em hebraico, "Deus curou". Portanto, é o anjo curador por excelência. No *nosso* sistema, o arcanjo Rafael rege o planeta Mercúrio e, conseqüentemente, os signos zodiacais de Gêmeos (na origem, os Pilares do Templo) e Virgem, a Donzela Celeste que é também Deméter, a Mãe-Terra. O dia de poder de Rafael é a quarta-feira. No antigo Egito, ele era equiparado a Thoth, o Escriba dos Deuses e inventor de alfabetos.

Rafael é sobretudo o anjo da comunicação e, como tal, um trabalhador ágil. Não tarda nos resultados e age tão depressa que, quase sempre, lança-os em nossas mãos e deixa-nos a tarefa de escolhê-los. Sua autoridade se estende a todos os tipos de comunicação: contratos, anúncios, documentos, cópias xerográficas, computadores e o próprio idioma. Rafael ajudará você a desenvolver fluência de pensamento e linguagem, a aguçar a memória e concentrar a atenção; é, pois, o anjo a ser invocado por ocasião de exames de qualquer espécie. Ele vela pelos negócios que envolvem documentação e papéis, bem como pelo próprio ato da escrita. Mostra-se de grande valia na "assinatura de contratos' e ajuda-nos a enfrentar a burocracia, cuja missão parece ser a de confundir as pessoas com papelada e expedir formulários errados. Este arcanjo controla os problemas de saúde das crianças até 7 anos e dos filhotes de animais. Se você não souber quem governa determinada matéria, poderá invocar o arcanjo Rafael no requerimento com as seguintes palavras: "Ao anjo encarregado, por intermédio do arcanjo Rafael." Ele "levará" seu requerimento ao anjo encarregado, favor particularmente útil quando este for um anjo lento na ação (por exemplo, Cassiel de Saturno). Apelando para Rafael, trazemos o assunto para sua órbita cronológica: e ele é tão rápido que sua órbita é *agora.*

Os animais que respondem à vibração de Rafael são, entre outros, os macacos e os esquilos. Os pássaros, em geral, ligam-se à sua influência, principalmente a pega e a cotovia, sendo-lhe consagrados todos os insetos que não picam. Dele são também o choupo, a bétula, as plantas de flores amarelas, as samambaias e as "ervas daninhas". Como já dissemos, Rafael é associado à forma divina egípcia de Thoth (representado com cabeça de íbis). Entre os antigos, os pensamentos eram equiparados a aves voando pelo céu da consciência, de sorte que Rafael vem a ser o anjo da esfera mental. Rege a estação primaveril, quando as forças da vida despertam do sono hibernal e se renovam.

O arcanjo Rafael é bem visualizado sob a forma de um ser de luz amarelo-dourada, rápido de movimentos. Empunha o caduceu e possui seis asas — duas nas têmporas, duas nos ombros e duas nos calcanhares. Na fronte, vê-se-lhe um topázio. Suas vibrações são muito rápidas.

O Anjo Sachiel

O anjo Sachiel é o Senhor de Júpiter e, como na antiga astrologia, rege os signos de Sagitário e Peixes. Na astrologia, o planeta Júpiter representa o grande poder da benevolência, e por certo Sachiel reflete isso, seus contatos com a humanidade. Ele "compartilha" a quinta-feira com o anjo Asariel de Netuno. Apesar de, na moderna astrologia, o signo de Peixes ser atribuído ao planeta Netuno, no passado os magos o equiparavam a Júpiter, e para todos os efeitos de magia assim é ainda.

O poder do anjo Sachiel estende-se a todas as questões financeiras, como rendimentos, dívidas, recebimentos, problemas com bancos e aumento salarial. Invoque a sua ajuda para *ganhar* dinheiro com o trabalho e ele aplainará o caminho para você; mas peça dinheiro fácil e a requisição encontrará ouvidos moucos. Sabe-se que ele às vezes atende a pedidos de dinheiro fácil. Mas quem recebe esse dinheiro recebe também tantos problemas e atribulações que acaba se tornando mais sábio. Bem que esses seres poderosos merecem o epíteto de *anjos-mestres*!

Em todos os assuntos jurídicos, de pequenas causas a júris, o anjo Sachiel tenta reconciliar a justiça humana com a justiça divina. Portanto, orienta advogados e procuradores, controla a posição social de cada um e assegura o socorro das autoridades (os velhos textos falam em "juízes e reis", mas hoje talvez fosse melhor aludir aos poderosos e influentes). Sachiel pode ser invocado quando se trata de melhorar a situação financeira. Ele também costuma dar sorte. Há talismãs específicos para solicitar sua ajuda em casos financeiros ou jurídicos (ver Capítulo 6).

A flora e a fauna que refletem a influência de Sachiel incluem os peixes, as baleias, os golfinhos, os elefantes, o gado (bois ou vacas) e os cavalos; os lilases, a alfazema, a lunária, as plantas de flores arroxeadas e violetas, o grande carvalho e a vinha. As aves aquáticas são especiais para esse anjo, sobretudo o cisne e o pato. A abelha revela a influência de Sachiel no reino dos insetos. Sua órbita cronológica é razoável e não vai além dos seis meses.

Visualize esse Senhor da Chama a uma luz vermelho-arroxeada, com fagulhas douradas tremulantes. Suas asas-aura apresentam tonalidade azul-safira. Suas vibrações são lentas e infundidas da serenidade que brota da Misericórdia eterna. Sobre a cabeça tem um chama azulada, simbolizando seu serviço na Hoste dos Chasmalim, comandada pelo arcanjo Tzadkiel.

O Arcanjo Asariel

Este anjo rege o planeta Netuno e "compartilha" a quinta-feira com o anjo Sachiel. Controla todas as formas de mediunidade e estados de transe. Raramente é invocado, pois sua atuação é limitada e especializada. Os cavalos lhe são consagrados e pode acorrer para curá-los. É invocado por intermédio dos arcanjos Gabriel ou Rafael. Suas cores são os matizes verdes do mar e tem por símbolo o tridente de Posídon.

O Arcanjo Haniel

O nome Haniel significa "Graça de Deus" ou "Face de Deus". Boa parte de sua atuação está associada aos devas da natureza e às Hostes dos Elfos. Haniel liga-se ao grande Misericordioso, conhecido no Oriente como Avalokiteshvara, o Bodhisattva da Compaixão, na China como Kwan-Yin e no Tibete como Chenrezi, de quem o Karmapa e o Dalai Lama são a encarnação. Haniel é o grande arcanjo do planeta Vênus e o regente dos signos zodiacais de Libra e Touro. A principal função de Haniel é a criação da beleza e o fomento do amor, afeição, paz e harmonia. Um de seus talismãs especiais é a "Roda do Amor", utilizada para restabelecer laços amorosos abalados por querelas, circunstâncias adversas ou maus sentimentos (ver Capítulo 6). A sexta-feira é o dia consagrado a Haniel e à magia do amor. Esse arcanjo preside aos casos sentimentais e a *todas* as relações afetivas entre as pessoas e outras formas de vida. Protege as artes criativas, principalmente o drama, e o embelezamento sob todos os seus aspectos (dos cabelos, inclusive). Para qualquer empreendimento criativo que exija inspiração e apoio, recorra a Haniel. Sua órbita cronológica é de dois anos.

Como todas as formas de amor são tuteladas por Haniel, não surpreende que os animais de estimação lhe sejam consagrados, com o são também o coelho e o cervo. A andorinha e a pomba, pássaros tradicionais da deusa Vênus, o chapim e o periquito azul são igualmente seus. Pertencem ao arcanjo de Vênus a macieira e seu fruto, o caquizeiro, o delfínio e todas as espécies de rosas. Todas as borboletas são sagradas para Haniel, à exceção das de tom amarelo, pertencentes ao arcanjo Miguel, e das brancas, que juntamente com as mariposas respondem a Gabriel.

Pelo fato de Haniel governar o amor e a afeição, ele é, provavelmente, um dos membros mais freqüentemente invocados da evolução angélica. Amores traídos ou não-correspondidos são um dos maiores sofrimentos emocionais que os homens têm de suportar. Eles podem anular sua resposta a outras pessoas e à vida por muitos anos, se não para sempre. E uma das lições mais difíceis, porém verdadeiras, que podemos aprender em nossa longa jornada é amar com desprendimento e responsabilidade. Muitos dos pedidos endereçados a Haniel provêm de pessoas já com um parceiro escolhido em mente, alguém que supõem deva amá-las.

Parece às vezes que atraímos pessoas inadequadas; nosso perfil psicológico chama criaturas que nos tocam emocionalmente, mas que são caóticas e perniciosas. Embora o karma passado possa ser resgatado pelo apego emocional, ele *nunca* o é pelo sofrimento. O resgate se faz, quase sempre, pela aceitação do fato desagradável de que, por enquanto, os vínculos emocionais do passado devem ficar em suspenso até que os dos interessados evoluam um pouco mais. Nunca tente modificar uma pessoa contra a sua vontade: toda mudança verdadeira e duradora deve vir de dentro.

Ao contrário, concentre suas energias na tarefa de tornar-se, *você mesmo*, um amante mais responsável e terno. Depois, pela lei universal da atração, o amor virá — um amor real, que você poderá tocar, com quem irá discutir, esbravejar e rir, não uma mera obsessão pelo impossível. Peça a Haniel que lhe traga um "amor terno e responsável" ainda sem nome e o arcanjo lhe oferecerá a criatura adequada às suas necessidades e ao seu nível atual de evolução. Ele sabe melhor que você quem o ajudará a aperfeiçoar-se e a quem *você* poderá enriquecer. Eis aí, com efeito, o segredo do verdadeiro amor: as energias espirituais canalizadas por duas criaturas unidas são mais fortes que as produzidas por pessoas separadas. Graças a esse amor, todos aqueles que se aproximam delas se enriquecem, a humanidade se enobrece e o universo se nutre. Na verdade, se diz que ninguém basta a si mesmo, e é igualmente verdadeiro que o amor do homem e da mulher não sobrevive sozinho. Toda forma de vida deste planeta consiste de três aspectos: masculino, feminino e divino. E o amor é a unidade original.

O arcanjo Haniel pode ser visualizado sob a forma de uma chama verde-esmeraldina e dourada, com laivos róseos sobre a região do coração. Quase sempre é ladeado por dois leopardos e suas feições se banham em beleza celestial. Transmite uma sensação de amor profundo que cura e tranqüiliza. Essa atmosfera pode durar vários dias após a invocação e o perfume de rosas é às vezes perceptível.

O Anjo Cassiel

Este ser angélico supervisiona as energias do planeta Saturno e o signo zodiacal de Capricórnio, o Bode Marinho. Na moderna astrologia, Saturno tem a reputação de "maléfico" devido às limitações e ao rigor que impõe, ensinando as experiências de vida. Na verdade, esse planeta é o grande mestre que liberta os indivíduos dos falsos ensinamentos e os instrui a superar obstáculos, principalmente durante o período da Conjunção de Saturno num horóscopo. Um dos aspectos mais úteis da disciplina de Saturno é que ele convence as pessoas a não ultrapassarem seu lugar atual no universo, a "não incursionarem por onde os anjos temem caminhar".

Os obstáculos da vida são na verdade benéficos para nós. Se tudo fosse agradável e fácil, não faríamos esforço algum para vencer, nossas energias e talentos ocultos nunca viriam à luz. Jamais somos provados para além de nossas forças: o conhecimento que o Céu tem delas é mais profundo que o nosso. A vida não são férias, a despeito do que alguns filósofos gostariam que aceitássemos. A encarnação é a pedagogia de um destino maior. Gozamos férias *entre* as encarnações. Pessoas, situações e circunstâncias ajudam-nos a desenvolver plenamente o nosso potencial: não são castigos de um "deus vingativo", mas lições que resolvemos aprender para nos tornarmos humanos por inteiro, para passar do homem-animal ao homem-anjo. *Por isso* os anjos-mestres podem nos auxiliar e guiar, se o permitirmos.

Caso vislumbre um período de provas no horizonte, não peça aos anjos que o afastem de você. Invoque "força e sabedoria para suportar o transe que virá"[3]. Às vezes, o mero fato de você ter

3. Esse é um dos modos de fazer o seu pedido; você precisa sentir-se livre para usar qualquer tipo de frase que julgue mais do seu agrado.

solicitado esse tipo de assistência torna a prova supérflua, e ela não acontece. Ou, se acontecer, você descobre que é assistido e amparado durante a provação, absorvendo as lições que daí advêm.

Uma das maiores lições que nós, humanos, tanto como indivíduos quanto como espécie, precisamos aprender, é que não somos e nunca fomos auto-suficientes. Num universo que é uma teia intrincada de vida, a autoconfiança absoluta torna-se inviável. O que quer que suceda a uma pessoa afeta o todo, diz respeito ao todo e é importante para o todo. O verme esmagado sob os pés abala o trono do próprio Deus. Por termos livre-arbítrio, nenhum poder ou principado do universo interferirá com a humanidade *se não for convidado*. Os anjos podem observar entristecidos, mas não se obrigarão a ajudar-nos porque nossa vontade livre é um legado divino. Precisamos compreender que solicitar ajuda não é nenhum desdouro. A "ajuda" é a invocação poderosa, prece e mantra do universo. Com fé, erga as mão para os astros, peça ajuda e não estará sozinho. Digo-o por experiência própria.

O anjo Cassiel compartilha o sábado com o arcanjo Uriel. O poder de Cassiel estende-se a todas as questões que envolvem propriedades, terras e agricultura. Ele governa também a estrutura física de casas e edifícios, ajudando-os a durar e garantindo-lhes uma boa restauração. Tutela as pessoas mais velhas (e, também os animais idosos), juntamente com os dons e ensinamentos que elas podem proporcionar. Luta contra a pobreza e as longas enfermidades. No que toca aos velhos, certamente alivia-lhes os males da idade, sem necessariamente curá-los por completo. Ajuda na lavratura de testamentos e em tudo o que diga respeito aos finados, àqueles que "foram chamados para a Luz". Preside ao karma, a Lei Universal de Causa e Efeito, e aos julgamentos por que devemos passar. Por isso, às vezes, Cassiel é chamado "O Segador" o "O Anjo do Destino". Ele semeia suas bênçãos muito tarde na vida, a menos que Saturno esteja em bom aspecto no horóscopo. Trabalha com lentidão, mas com segurança. Sua órbita cronológica é de quatro anos — tempo que o planeta Saturno leva para orbitar o Sol.

A Cassiel são consagrados o arganaz, a tartaruga e o rato do campo. Entre as aves, o papagaio (que é longevo), o corvo e a gralha. Os insetos lentos e os vermes respondem a Cassiel. Todas as árvores perenes e aquelas que demoram a crescer são dele. O carvão mineral, o chumbo, o aloés amargo, as frutas secas e todas as ervas amargas também são usados por esse anjo.

O anjo Cassiel pode ser visualizado como um pilar de treva iridescente — negro como as asas do corvo —, contendo em sua glória de ébano tons de violeta, azul e púrpura. Sobre o coração, vê-se-lhe um cálice de prata banhado de luz rubra. Suas vibrações são formidáveis e falam de uma energia preexistente ao próprio tempo.

O Arcanjo Uriel

Este grande Senhor da Chama compartilha seu dia de invocação, o sábado, com o anjo Cassiel. Uriel significa "Luz de Deus". Rege o planeta Urano e o signo zodiacal de Aquário. Preside ao inverno e é, abaixo de Deus, o regente do elemento terra. Uriel é um dos "Anjos-do-Trono de Deus" e sustenta o Merkabbah. Na qualidade de Transmissor da Força Mágica, reveste-se por isso mesmo de enorme poder: nunca se deve invocá-lo em vão. Suas principais funções consistem em transmitir o poder mágico e conduzir a alma individual a seu espírito, pelo Caminho da Iniciação. Assim, ele só é invocado no caso de doenças do sistema nervoso ou então na alta magia. Segundo uma tradição, foi o arcanjo Uriel quem partiu a destruir o continente perdido da Atlântida, profundamente corrompido pela magia negra. Isso é simbolizado na décima sexta carta do Tarô, "A Torre Fulminada". Uriel tem grande afinidade com essa misteriosa força chamada eletricidade. Sua presença costuma ser anunciada pela queima de fusíveis e explosões de lâmpadas; também se manifesta durante as trovoadas.

Uriel preside às separações e divórcios, rompendo os laços pacificamente, mas em definitivo. É o patrono da astrologia e a fonte da inspiração. O modo de Uriel atender às invocações é súbito e não raro devastador, portanto esteja preparado para tempestades em sua vida quando recorrer a ele. O arcanjo Uriel pode e quer realizar o "milagre da décima primeira hora" — quando toda esperança parece perdida ou já não há mais tempo, invoque-o e ele baixará prontamente, dramaticamente, infringindo as leis naturais e pondo o mundo de cabeça para baixo. Você descobrirá então que a era dos milagres não acabou e que "o Senhor é Deus". A órbita cronológica de Uriel não existe como tal. Ele atende conforme a necessidade e, se a petição tiver de ser atendida, sê-lo-á quase instantaneamente. Insisto: Uriel é um anjo-do-trono de poder devastador, a própria encarnação da magia, e não deve ser invocado com leviandade.

Os cristais de quartzo, essa "luz congelada" que melhor transmite a energia elétrica, são sagrados para Uriel. O arco-íris é um presságio a que Uriel freqüentemente recorre a fim de se comunicar conosco. Pertencem-lhe as flores multicoloridas e a hortênsia, que muda de cor; a manga e a banana, o lagarto e o camaleão, bem como o fabuloso unicórnio e a libélula. Uma poderosa magia das tempestades, que utiliza os raios do céu, será ensinada por Uriel àqueles que ele escolher.

Muitos estudiosos do ocultismo conhecem o arcanjo Uriel apenas em seu aspecto de Regente do elemento terra e ignoram sua natureza "superior". Ele é o arcanjo da Esfera Perdida: *Da'hat*, o conhecimento; e do Éden arquetípico. Esse duplo aspecto relaciona-se ao primado de Uriel sobre a força secreta, presente no nível da terra, que sobe pelos centros.

O arcanjo Uriel às vezes é representado como um ser de gigantesca estatura, empunhando uma tocha ou uma lâmpada. Ele pode ser visualizado sob a forma de um ser brilhante como o arco-íris; suas asas-aura são de um azul elétrico e ele traz na cabeça um diadema de cristal. Os olhos de Uriel devassam o universo.

Asas

Ao longo da história do mundo, povos e nações, mitos e lendas, folclores e relatos visionários têm falado de mensageiros celestes dotados de asas. De um ponto de vista simbólico, isso pode significar apenas que tais mensageiros eram velozes. Para os antigos, poucas coisas eram mais rápidas que o ataque fulminante da águia. Todavia, nas descrições que acabamos de dar dos anjos, usamos o termo "asas-aura".

A aura é o campo de força que envolve todo ser ou criatura. Uma observação atenta das auras revela que elas não são um campo composto por vários camadas de energia. Ao contrário, parece que a aura é composta de trilhões de linhas de energia separadas, que emergem do corpo físico. Essas linhas se projetam de cada célula e é a sua compactação que dá a impressão de um campo coeso. Essas linhas lembram os filamentos que crescem da haste central de uma pena. Conhece-se bem o fenômeno nos trabalhos de cura, quando a aura é purificada mediante passes das mãos através de seu campo. É como escovar os filamentos da aura, removendo deles as obscuridades resultantes da doença. De fato, na cura xamânica, utiliza-se uma pena de verdade (geralmente de águia) para limpar o campo energético. De todas as criaturas físicas, as aves são, de um modo geral, as que possuem vibrações mais rápidas, razão pela qual suas penas gozam da preferência dos xamãs como instrumentos destinados a afetar os campos sutis que envolvem os homens.

Os anjos ostentam auras imensas que, em alguns casos, como no Deva de uma montanha, se estendem por quilômetros. A atribuição histórica de asas aos anjos resulta por certo da mente subconsciente dos videntes humanos, que "vestiam" a aura dos anjos com uma forma capaz de ser captada pela mente consciente.

Anjos e Arcanjos

O leitor terá notado que alguns anjos-mestres são chamados "arcanjos" e outros simplesmente "anjos". O arcanjo é o comandante de uma hoste angélica. Por exemplo, o arcanjo Haniel comanda a Hoste dos Elohim, ao passo que o arcanjo Gabriel chefia os Querubins. Sob as ordens do Um, os arcanjos conduzem as inumeráveis hostes dos anjos de luz.

O anjo é o membro de uma hoste angélica: Samael, da Legião dos Serafins; Cassiel, do Coro dos Aralim. Mas essa distinção hierárquica entre os anjos-mestres não tem nenhuma importância *prática* no exercício da magia sagrada. Ainda assim, talvez seja útil explicá-la brevemente.

Alguns leitores deste livro estarão sem dúvida familiarizados com a Cabala — a sabedoria imemorial tal qual nos foi transmitida pela Tradição Oculta Ocidental. A explicação que vamos dar é para aqueles que ainda não fruíram as maravilhas e os brilhantes caminhos da Árvore da Vida (p. 202), com seus frutos imperecíveis e folhas destinadas à cura das nações. A Cabala é um modelo de existência dado pelos anjos à humanidade. Essa sagrada sabedoria correlaciona vários anjos com os diferentes aspectos universais que prevalecem ao longo da criação. Entre os anjos-mestres utilizados neste sistema de teurgia, os arcanjos são: Gabriel, Rafael, Uriel e Miguel. Eles pertencem aos centros de influência (chamados *Sephiroth* na Cabala) que se acham dentro do raio de autoconsciência dos humanos.

Os anjos Samael, Sachiel e Cassiel equivalem aos centros de influência transpessoais ou supraconscientes, cuja dimensão cósmica a maior parte da humanidade ainda desconhece. A tal ponto são assustadores esses centros da porção superior da Árvore da Vida, que seus arcanjos regentes não podem comunicar-se eficazmente conosco e não conseguem ensinar-nos de um modo seguro. Por isso designaram alguns anjos (Samael, Sachiel e Cassiel), pertencentes aos coros que governam, para instruírem a humanidade em desenvolvimento.

Atribuição solar

Alguns estudantes podem ficar confusos com a atribuição, neste sistema, do arcanjo Miguel ao Sol e do arcanjo Rafael a Mercúrio. Das várias Escolas de Ocultismo, algumas atribuem Rafael à esfera do Sol e Miguel à esfera representada pelo planeta Mercúrio, enquanto outras situam Miguel no Sol e Rafael em Mercúrio. Esta contradição existe há muito tempo e convém esclarecê-la.

Diversas Escolas Ocidentais baseiam-se na filosofia da Cabala. O sistema antigo divide-se em duas correntes principais. A Cabala Judaica ou Rabínica é a corrente da tradição desenvolvida pela Casa de Israel, haurida de Moisés e dos profetas. Desde então, ao longo dos séculos, tem passado de mestre a discípulo. A contribuição da Cabala Judaica para o corpo do conhecimento místico do mundo é inestimável: vai de Salomão ao rabi Yonai, de Moisés Cordevero ao Baal-Shem-Tov e os antigos mestres hassídicos, chegando aos nossos dias com mestres eminentes como Z'en ben Shimon Halevi.

A segunda corrente da Cabala, na Tradição Ocidental, é conhecida como *Cabala Alquímica* (às vezes, de maneira menos delicada, como "Cabala dos Gentios"). A Cabala Alquímica funda-se na mesma filosofia que a Cabala Judaica, mas seus métodos diferem por utilizar também um simbolismo herdado de antigos sacerdócios do Mediterrâneo. A Cabala Alquímica, por exemplo, projeta a localização do tarô e os panteões das divindades dos mistérios na mandala da Árvore da Vida.

Embora a Cabala Judaica seja considerada às vezes mais autêntica e venerável que sua irmã ocidental, na verdade o ensino fundamental antecede de muito a Israel. Nos primórdios, esse ensino era a essência dos Grandes Mistérios do Egito — onde a Luz se concentrava —, derivados por sua vez dos "Semeadores" da perdida Atlântida. A rigor, a Cabala Judaica só se completou quando recebeu a "fertilização-cruzada" da filosofia neoplatônica na Escola de Alexandria, onde as duas correntes se influenciaram uma à outra. Cumpre considerar sempre que qualquer tradição espiritualista exprime sua vitalidade ao evoluir e traduzir suas lições em formatos novos, que possam dizer algo às sucessivas gerações.

Cada nação da Terra é presidida por um anjo — os anjos da Pérsia e de Israel são mencionados na Bíblia —, cuja tarefa consiste em inspirá-la a realizar seu *Dharma*, seu destino específico que, uma vez cumprido, enriquecerá a Vida com um todo. O anjo de Israel é o arcanjo Miguel, que apresenta as preces de seu povo perante o trono do Um sagrado. As escrituras hebraicas, por isso mesmo, enfatizam o papel de Miguel como o protetor celeste, o intercessor dos filhos de Israel. A Igreja Cristã, extraindo sua liturgia do Velho Testamento, também invoca o arcanjo Miguel como seu defensor celeste. Em conseqüência, a Cabala Judaica instala o arcanjo Miguel no Sol, que é igualmente a esfera do espírito.

O anjo que preside à civilização européia é o arcanjo Rafael, identificado na Grécia antiga com o deus Apolo. Como Rafael, Apolo era o patrono da medicina, da educação e da comunicação. Nisso podemos ver claramente o *Dharma* — a obra espiritual — da cultura européia e sua influência global. A educação para todos, a panacéia da ciência médica e as comunicações intercontinentais são fruto do trabalho dos povos da Europa. Mas há também um karma a ser resgatado devido às influências negativas disseminadas pelo imperialismo europeu. Por isso muitas, mas não todas as Escolas Ocidentais de Ocultismo atribuem o arcanjo Rafael à esfera do Sol.

Em virtude da extrema antigüidade da Magia Sagrada dos Anjos, seguimos aqui a mesma atribuição reconhecida na Cabala Judaica: o arcanjo Miguel ao Sol e o arcanjo Rafael ao planeta Mercúrio. O sistema de teurgia celeste é uma parcela venerável e pouco conhecida da Cabala Sagrada. Tempo houve em que semelhante conhecimento estava reservado unicamente aos iniciados nas escolas de Mistérios. Mas agora que a humanidade começa felizmente a atingir a maturidade, essas lições esotéricas vão sendo disseminadas como nunca antes. Assim, você (e através de você, muitos outros) poderá usufruir diretamente do amor e do amparo dos Brilhantes — os Anjos de Luz.

Exercício 1

Beth-Malakhim – O Templo dos Anjos

Esta jornada interior pode ser um meio de você se aproximar dos anjos-mestres, se não trabalhou com eles antes. Faça o possível para não ser perturbado, respire profunda e ritmicamente, mas sem esforço. Começando dos pés para cima, vá contraindo os músculos e relaxando-os alternadamente. Quando se sentir tranqüilo, comece a formar as imagens desta meditação, fazendo com que ganhem clareza e contornos tridimensionais. Aplique seus sentidos na jornada, fazendo com que o tato, o olfato, a audição e a visão lhe proporcionem o máximo benefício na comunhão com os Anjos de Luz.

Visualize um portão de três blocos. As ombreiras e o lintel são feitos de cristal puríssimo. Entre essas brilhantes colunas drapeja uma cortina azul-violeta como o céu vespertino, quando o Sol já se pôs e as estrelas ainda não começaram a mirar. O místico véu balança suavemente ao contato de uma brisa desconhecida. No centro do véu brilha uma estrela solitária. Concentre sua atenção nesse portão situado entre dois mundos até que o cristal comece a fulgir cada vez mais, difundindo um halo de luz iridescente. Poderá ouvir então uma nota aguda, como de um sino de prata.

Aproxime-se do portão e cruze-o. Agora você está na margem de um lago sereno como um espelho, com um leve nevoeiro à superfície. Uma luminosidade suave desce do céu argênteo sem que se possa ver sua fonte. Você está envolto num manto verde-oliva atado com um cordão branco, os pés calçados com rudes sandálias de couro. Um pesado casaco negro protege-o do frio. Paira um clima de tranqüilidade nesse lugar, uma sensação de paz profunda — nenhum som, apenas o silêncio, a luz branda e as águas calmas.

Chega-lhe então aos ouvidos o rumor das águas que dão passagem a um bote, vindo aparentemente do ponto onde o nevoeiro mais se adensa sobre o lago. Você nota que não está de modo algum apreensivo, nas *curioso* para saber que tipo de embarcação fende essa sagrada massa líquida. De dentro do nevoeiro surge a proa elevada do bote: é feito de madeira antiga e sazonada, e traz gravadas letras de ouro numa língua que você não conhece, mas causa-lhe profunda impressão. A quilha é modelada no formato de mão empunhando uma lâmpada, que nutre uma chama violeta. Seis remos, três de cada lado, impelem o estranho barco; e os remadores são seres de estatura elevada, esguios, vestidos e encapuzados de prata. Aproximando-se, o barco se vira e você pode observá-lo de lado. Perto da popa há uma cadeira de madeira, de espaldar alto; está vazia. A uns três metros da margem, ele se imobiliza; os remos pousam, os seres trajados de prata levantam-se e olham para você. Volta o silêncio e o lago retoma a quietude de há pouco.

À medida que o silêncio se aprofunda e parece que nada vai ser dito, você se sente um tanto embaraçado. "Talvez", sugere a si mesmo, "esses seres não possam falar." Um pouco hesitante, então, você mobiliza seus sentimentos, tentando comunicar que veio como um "Buscador da Luz". Tão logo seu coração começa a agitar-se para contatar os seres vestidos de prata, uma sensação de boa acolhida flui para dentro de você como uma explosão de alegria! Com as boas-vindas deles, que transcendem as palavras, brota a certeza de que vieram para encontrá-lo. Começaram a avançar em sua direção no mesmo instante em que você decidiu empreender essa jornada pelo espaço interior, mas não podem chegar mais perto da margem. Você é que tem de tentar ir até eles, cruzando a distância que ainda os separa.

Tem de decidir agora: pretende ir ao Templo dos Grandes Servidores do Um ou esse empreendimento é por demais arriscado? O que encerrarão as águas à sua frente sob a sua superfície aparentemente plácida? O que você de fato sabe a respeito dos seres estranhos e encapuzados do bote fantástico, ao mesmo tempo tão próximo e tão remoto? Nos escaninhos de seu ser, consulte o coração: se sentir dúvida ou receio, cruze de volta o pórtico de cristal com seu véu azulado e retome os caminhos da humanidade adormecida. Haverá outras oportunidades, na Grande Jornada, de refazer os passos até aquela margem. Mas se, ao contrário, o coração lhe queimar no peito, se a alma ansiar por Aquilo que permanece eternamente, então avance para dentro das águas. Decida-se!

Você coloca um pé na água, sondando o fundo do lago; dá um passo, depois outro. Agora tem a água pelos joelhos — e de súbito percebe que ela é maravilhosa. Seu contato enche-o de paz, limpando-o de dores e feridas. Como a chuva no deserto, ela flui para os compartimentos secretos de sua alma e dissolve toda a aspereza interior. Extasiado, você se ajoelha no lago, deixando que a água lhe chegue aos ombros. Em seguida, baixa a cabeça e mergulha-a.

Você emerge da água como um golfinho, saltando de alegria. Seus sentidos estão aguçados, clarificados, e você vê à superfície do trecho que o separa do bote formar-se um caminho de luz dourada. Ele se projeta do barco, dos seres gloriosos que *agora* você vê sobre o convés. Figuras altas, brilhantes e serenas, com vestes e asas luminosas. Os olhos deles, refulgentes de júbilo infinito, pousam em você; e os braços deles se estendem para acolhê-lo. Flutuando nas águas pela força do pensamento angélico, você toma o caminho dourado. Nota que agora as suas vestes são de um branco imaculado, suas sandálias de relva entretecida, adornadas com flores de verão. Sem ter consciência de que se move, salvo pela brisa suave que o roça, você sobe para bordo e é cercado por aquelas encarnações vivas de amor.

É como se se reunisse a velhos amigos, que conhece há muito, mas de quem se esquecera por algum tempo. Uma sensação de plenitude. A proximidade dos anjos ilumina sua mente, revigorando e estimulando sua aura. Agora a comunicação é livre e rápida, pois suas vibrações básicas são aceleradas pelos seres de luz. Eles pertencem à hoste dos Querubins, enviados para levá-lo à presença dos Grandes Anjos-Mestres da Humanidade. O barco vira de bordo, os seis remos se alçam e ferem a água, ele desliza como um cisne na direção da massa cinzenta no nevoeiro.

À medida que o barco penetra na bruma, sua visão diminui cada vez mais, até que as próprias amuradas se confundem com a névoa compacta. Nela, os anjos parecem esfumar-se. Por um instante você se sente na iminência de um colapso: terão partido os companheiros que acaba de conhecer, conheceu-os apenas para perdê-los em seguida? "Olhe para a proa", sussurra-lhe uma voz mental. Ainda pode ver a chama violeta brilhando incólume na treva. Aguça os sentidos interiores e percebe a presença dos anjos acariciando sua mente, avisando-lhe que, embora nem sempre estejam à vista, virão *toda vez* que você os invocar.

Na distância, a bruma começa a dissolver-se e surge um halo dourado para onde o navio voga certeiro até banhar-se em sua luz acariciante. Tudo à volta são águas calmas, mas que agora refletem um céu de ouro a lançar sobre as coisas a beleza de um Sol e a suavidade de uma Lua. Você repara que há pontos luminosos flutuando, adejando e bailando no céu dourado. Seus companheiros angélicos começam a cantar, em voz alta e pura como um dobre de sinos, um cântico de júbilo. Vê-se que estão em comunicação com as luzes dançantes, que em resposta se aproximam, cantando também. Você descobre então que são outros tantos anjos. Com total liberdade, pairam na luz do dia infinito. Alguns, empunhando taças e cálices, descem quais libélulas celestiais para a superfície cristalina do lago, enchem os recipientes e alçam vôo, desaparecendo como cometas.

Sua curiosidade está aguçada; imediatamente, em resposta, um dos querubins explica: "Estes são os Ministros da Consolação. Atendendo à verdadeira prece, eles oferecem taças cheias de água pura aos que sofrem ou necessitam. Você ainda não percebeu o que é esta água? Olhe as profundezas do lago." Você obedece e vislumbra, sob a plácida superfície, vigorosas correntes de fogo! Intrigado, volta-se para o querubim. "As águas calmas", explica ele, "são *Mezla*, a Graça. Desse lago, todos os centros de cura da Terra retiram sua força. Para ele, os seres alados conduzem durante o sono as pessoas que padecem. Daqui os anjos encarregados retiram o orvalho celeste e levam-no aos que sofrem no plano terreno. Por isso foi necessário que você se banhasse nas águas antes de vir até nós." Outro querubim se aproxima, segurando uma taça de cristal onde brilha a água sagrada, e oferece-a. Você segura o recipiente da vida dos mundos e bebe aquela paz que ultrapassa o entendimento.

Surge à frente uma ilha coberta de bosques. Numa elevada colina, ao centro, ergue-se um templo octogonal, feito de raios vivos de Sol. A coruscante estrutura é encimada por abóbadas, cúpulas e graciosos minaretes; sua imagem se reflete, de todos os lados, na superfície do lago benéfico. O bote se aproxima da margem da ilha mística. Uma brisa tépida traz o perfume de louro e olíbano. Não há caminhos à vista e você se pergunta como chegará ao templo. Paira no ar um som de carrilhão — e você percebe que os anjos estão *rindo*! Sorridentes, dois de seus companheiros passam-lhe os braços musculosos em torno do peito, distendem as poderosas asas e alçam-se nos ares. Os outros quatro querubins vão na frente e atrás, cantando novamente. Com essa alegre escolta de anjos você atinge o topo da colina, penetra no templo por uma janela alta e é pousado no piso em mosaico do santuário.

O templo é gigantesco e de uma altura que a vista mal consegue alcançar. As paredes internas têm a cor do âmbar dourado. À direita, vê-se um grande *menorah* de sete braços — a Lâmpada dos Elohim — com cada bocal ostentando uma chama colorida, os setes formando o espectro do arco-íris. É flanqueado, de um lado, por um pilar de azeviche e, de outro, por um pilar de diamante. No centro do templo, sobre um estrado de quatro degraus, ergue-se um altar cúbico, de cor branca, cuja simplicidade contrasta com o esplendor do edifício. Em cima do altar, banhada por um leve raio de luz, pousa uma rosa dourada, com uma única gota de orvalho da primeira manhã.

Os seis querubins perfilam-se em semicírculo atrás de você. O raio de luz torna-se mais intenso e uma Voz tonitroante clama: *"Miguel!"* Uma coluna cor de ouro e salmão, de uns seis metros de altura, surge ao lado do altar. *"Gabriel, Samael!"*, retoma a Voz. Duas grandes colunas, uma azul-prateada, a outra rubra, vêm ladear a primeira. Novamente grita a Voz: *"Rafael, Sachiel, Asariel!"* Mais três colunas brilhantes juntam-se às demais: Uma amarelo-vivo, outra vermelho-violeta, outra verde-mar. Pela terceira vez a Voz ecoa pelo templo: *"Haniel, Cassiel, Uriel!"* Mais uma trindade de raios luminosos aparece ao lado das outras duas: uma de suave tonalidade rosa-turquesa, outra com laivos de azuis e verdes profundos, a terceira semelhante à luz congelada. As nove colunas resplandecentes cercam o altar; ouvem-se grandiosos coros e, enquanto as colunas conversam entre si, borrões de luz circulam no meio delas. Os querubins da escolta fulgem, como em resposta à presença dos grandes anjos governantes.

A Voz se faz ouvir novamente, chamando-o pelo nome. Você dá um passo à frente, intimidado pelas colunas multicoloridas de força. Estas colunas começam a afastar-se do altar, a circular em torno de você, como se o quisessem examinar. Cada uma delas provoca uma resposta emocional diferente. Dentro em pouco o medo é substituído pelo prazer que essas bonitas luzes proporcionam. Primeiro você percebe o toque mental de Rafael e sua consciência "vibra":

> *Saudações, Filhos da Terra. Meus irmãos e eu estamos contentes por você ter conseguido chegar a este lugar. Fomos encarregados, pelo Um Inefável, de instruir sua espécie na longa jornada de volta ao Divino. Agora que está aqui, nossa tarefa comum pode efetivamente iniciar-se. Saiba que jamais nos apartaremos de você; quando chamar, nós atenderemos. No entanto, se quiser, você poderá apartar-se de nós. Somos constantes como Aquele de Cuja Luz proviemos; nunca mudamos. Somos servos do Um. O que você vê agora é um simulacro de nossas verdadeiras formas, cuja luz ofuscaria os despreparados. Uma vez que somos, em nossa espécie, aqueles com quem de começo*

irá trabalhar, assumiremos presenças mentais e formas mais familiares à sua mente. Assim, sejamos mais que mestres e discípulo: sejamos "amigos", pois sua vida e a nossa são uma só em Deus.

Enquanto fala, a coluna amarela, que é Rafael, assume as feições de Mercúrio, com as tradicionais sandálias aladas e o caduceu. Somente os grandes olhos oblíquos retêm os traços angélicos. A coluna púrpura de Sachiel envolve-se num manto violeta e torna-se uma figura majestosa de grande benevolência. Gabriel surge como um atleta grego vestindo um manto azul com fios prateados; Samael como um cavaleiro de capa vermelha e espada brilhante; Miguel tem o aspecto de um sacerdote trajado de ouro; Asariel ostenta vestes da cor do mar e um tridente na mão; Haniel aparece como uma linda mulher vestida de azul-turquesa com um diadema de rosas nos cabelos ruivos como o cobre; Cassiel, coroado de azeviche, enverga uma túnica verde-escura com um manto de zibelina por cima e, finalmente, Uriel fulge num manto irisado, bailando-lhe sobre a cabeça uma chama clara. Observando os anjos-mestres sob essas formas, você se sente menos atemorizado, mais disposto a aproximar-se deles, como desejam. Juntos, vocês compartilham momentos de comunhão íntima.

Então Uriel acena para seus oito irmãos, você recua e eles reassumem o aspecto de altas colunas de luz coruscante. Formam um círculo em volta do altar e começam a volteá-lo, cada vez mais rápido, até que não se distinguem mais entre si, formando um grande vórtice de luz colorida. Elevam-se para o alto, crescendo em luminosidade e poder — e *vão-se!* O local onde se erguia o altar é agora o pórtico de cristal entre os mundos, com sua cortina azul adornada pela estrela solitária.

Você diz adeus aos querubins que tripulam o barco, sabendo intuitivamente que vai encontrá-los de novo. Aproxima-se do portão de cristal, a cortina se afasta e você cruza os dois mundos ouvindo novamente a voz de Rafael: *"Quando chamar, viremos."*

Você foi longe e fundo. Tome consciência do peso e do calor do seu corpo, do ar em seus pulmões, do gosto na sua boca.

Repita o seu nome várias vezes para restabelecer a sua identidade. Assegure-se de ter voltado completamente ao seu nível de realidade.

Beba e coma alguma coisa para finalizar. Registre por escrito, logo que possível, sua visão-jornada, pois, assim como o sonho, sua intensidade e detalhes logo se esvaem.

CAPÍTULO 2

MAGIA LUNAR

Na primeira fila, avistei Gabriel, parecido a uma donzela ou à Lua entre as estrelas... Ele é o mais formoso dos Anjos.[1]

Desde tempos imemoriais, a Lua tem sido associada ao mistério e à magia. Sua face mutável, que surge e desaparece, é fonte de maravilhamento para a humanidade. A beleza da Lua inspirou incontáveis poetas e artistas. Ela era, e ainda é, adorada como o símbolo da Grande Ísis. A força da Lua constitui a base da magia natural do xamã e do *wiccan*. Por milênios, aqueles que sabem utilizaram as tremendas energias lunares que governam os ciclos físicos da própria vida. Graças ao poder da Lua, são regulados o fluxo e o refluxo dos oceanos e mares, nascem, crescem e morrem as plantas e animais, e despertam os sonhos secretos dos homens.

No plano físico da manifestação, a Lua exerce influência gravitacional sobre todos os líquidos. Como somos constituídos por 90% de água, quando chega a época da máxima maré mensal, vemo-nos afetados nas profundezas da nossa psique, onde estranhas coisas se agitam, e nossas energias latentes aproximam-se do

1. Sufi Ruzebehan Baqli.

umbral da consciência. Por isso, todo exercício esotérico destinado a desdobrar a consciência — seja ele clarividência, viagem astral ou cristalomancia — tem mais eficácia se praticado durante a Lua Cheia. Nesse período, a Lua se torna o *espelho mágico* do Sol e os mundos se alinham. A isso se deve também, em grande parte, a instabilidade mental que ocorre quando é Lua Cheia; e todos se beneficiariam se as tradições lunares fossem estudadas por aqueles cuja vocação é cuidar dos que sofrem.

No horóscopo de uma pessoa, a posição da Lua significa o tipo de alma (a psique), enquanto o Sol indica o tipo de espírito que busca expressar-se por meio do indivíduo. Diz um ritual: "Com a Mãe (a Lua) estão as chaves da vida; mas com o Pai (o Sol) estão as chaves do espírito."[2] Assim como a Lua física recebe luz e energia do Sol, transmitindo-a para a Terra, assim a alma recebe sua iluminação do espírito e (dependendo de seu alinhamento) transfere essa luz interior para a manifestação. Como o quarto crescente, certas almas mostram apenas uma fração do esplendor espiritual, ao passo que outras, como a Lua Nova, estão ainda completamente ocultas pela sombra material da Terra, inconscientes dos múltiplos níveis do ser. Há também aquelas belas almas que, como o plenilúnio, aspergem sua radiância sobre o globo, transformando a noite em dia prateado.

Entre os antigos, a Lua era conhecida como a Rainha do Céu ou a Alma do Mundo, querendo eles dizer com isso que o satélite desempenha o mesmo papel, com relação ao nosso planeta, do subconsciente com relação à pessoa. Todo nascimento, nutrição e crescimento em escala global são regulados pelo astro da noite. A Lua Nova e a Lua Cheia são os pontos culminantes no ciclo regenerador da vida. Por esse motivo os sacerdotes antigos viam, nessas duas fases, períodos de intensa concentração mágica. Mesmo hoje, os lamas do Budismo tibetano observam as profícuas energias da Lua Nova e da Lua Cheia com dias de silenciosa meditação. Preces especiais são ditas nas sinagogas do mundo inteiro

2. Dion Fortune, *The Sea Priestess* (York Beach, ME: Samuel Weiser, 1978).

nos sabás que antecedem essas fases. É também quando os membros de Wicca cumprem seus *esbats*. Na verdade, muitas culturas religiosas ainda utilizam um calendário lunar para determinar seus dias santos. A Páscoa é calculada com base na Lua Cheia depois do equinócio de primavera.

As Marés

A Lua regula o poder criador que alimenta e sustenta toda a vida manifesta. A matéria física é efêmera pelos padrões dos planos interiores. As células do corpo humano estão em fluxo constante de renovação e decadência, de nascimento e morte. Nossos corpos substituem um terço de suas células em cada ciclo de vinte e quatro horas — Jesus repousa durante três dias no sepulcro antes de ressurgir em seu glorioso corpo solar.

No sentido da permanência, o corpo etérico e sutil é que é real. O corpo etérico retira seu alimento dos ciclos de energia vital regulados pela Lua. Essa energia, conhecida no Oriente como *prana* ou *chi*, sustenta a vida física. Os ocultistas ocidentais chamam-na de *etérica*; tecnicamente, ela representa o ponto de contato entre o astral inferior e o nível da plena fisicalidade. É essa energia que coloca em movimento os próprios átomos. É a energia etérica que se manifesta sob a forma de saúde e vitalidade na pessoa. Por isso, a aura etérica (o campo sutil mais próximo do corpo) é examinada por curadores e videntes antes de emitirem seus diagnósticos.

Esse mar dinâmico de força etérica permeia e penetra todas as coisas vivas, animadas ou inanimadas. Ele representa a grande rede que interliga todas as formas vitais manifestas, a "túnica" inconsútil da natureza. A aura do próprio planeta Terra estende-se muito além de sua atmosfera: alcança a órbita da Lua. É o movimento da Lua, através da aura planetária, que provoca as alternâncias de maré alta e maré baixa. Assim como um transatlântico levanta onda por onde passa, assim o curso da Lua gera grandes correntes no etérico Mar da Vida. Além da órbita do satélite está a "face oculta da Lua", um termo técnico ocultista para o plano astral.

Isolar-se do fluxo etérico de energia é atrair a doença; bloquear os caminhos planetários de energia é provocar a insalubridade. A força vital etérica flui através de tudo na Terra; dela vivemos e nela nos movemos. Ela pode ser intensificada pela excitação, pela dança ou pelo ritual mágico; ou enfraquecida pelo isolamento, pelo vampirismo psíquico ou pela doença orgânica. Os chakras do corpo astro-elétrico atuam como centros de distribuição dessa energia e redes de canais (meridianos ou *nadis*) conduzem-na pelo organismo.

O conhecimento e o estudo desses canais constituem a base da acupuntura, que libera os canais bloqueados ou distorcidos a fim de que a energia vital possa fluir desimpedida. Com efeito, na China clássica, o acupunturista trajava-se de branco (cor lunar) e empregava agulhas de prata (metal que responde à energia da Lua), só ministrando seu tratamento durante a metade crescente do ciclo lunar.

Também o planeta Terra possui canais que conduzem a energia etérica por seu corpo global. Outrora chamados no Ocidente "Caminhos da Lua" e no Oriente "Sendas do Dragão", hoje conhecemos esses canais pelo nome de "linhas *ley*". Essa vasta rede conduz a energia vital pela superfície da Terra. Quando dois ou mais caminhos da Lua se encontram, forma-se uma espiral de energia pela fusão das correntes. Os antigos sacerdotes erguiam sobre seus edifícios sagrados essas espirais, fossem eles dolmens, círculos de pedra, pirâmides ou templos. Por ocasião do renascimento ou plenitude da Lua, os sacerdotes dos Mistérios executavam seus impressionantes rituais, acrescentando sua energia à força lunar e fazendo-a derramar-se pela terra, levando energia renovada, vigor e fertilidade a todos. Observada pelo olho interior, essa grande rede de caminhos da Lua surge como uma malha de prata, pulsando com a energia vital que nutre e sustenta o mundo. É dessa torrente de força vital que os duendes extraem energia para executar suas tarefas de renovação. Por isso, os velhos sábios praticavam suas cerimônias durante a Lua Cheia, a fim de captar aquele poder. E é uma visão maravilhosa a terra banhada de radiância lunar, com os elfos dançando em êxtase pelos caminhos da Lua, repletos da vida de sua Rainha.

Tradições Lunares

Na vida cíclica do nosso sistema solar, o Sol é como o ponteiro das horas num relógio, levando doze meses para atravessar os doze signos do zodíaco, enquanto a Lua, como o ponteiro dos minutos, cruza-os no ciclo lunar de vinte e oito dias. No ciclo lunar, a Lua Crescente e a Lua Minguante equivalem aos equinócios solares, a Lua Cheia e a Lua Nova aos solstícios. A Lua viaja tão depressa (a largura de seu disco em um minuto) que, visto das profundezas do espaço, nosso planeta parece envolto numa aura de luz prateada, à medida que o satélite vai tecendo um véu de proteção em torno dele.

O conhecimento das fases da Lua é que nos possibilita a prática da magia. Sintonizando-nos com as energias emitidas nessas diferentes fases, podemos acrescentar sua potência à nossa própria. Na magia, como na natação, mais vale acompanhar a maré do que lutar contra ela — embora todo profissional maduro deva saber também como se lhe opor em ocasião de grave necessidade.

A Lua tem duas grandes marés: a *crescente*, da Lua Nova à Cheia, e a *minguante*, da Lua Cheia à Nova. Ambas têm sua utilidade. Além disso, as duas apresentam o seu ponto medial, criando assim quatro fases ou quartos num ciclo lunar completo.

O primeiro quarto vai da Lua Nova até sete dias depois; o segundo vai do fim do primeiro quarto até a Lua Cheia. O terceiro quarto, a partir da Lua Cheia, dura sete dias; e o quarto estende-se do fim do terceiro quarto até o momento em que a Lua parece desaparecer na "Noite sem Lua". O ciclo lunar completo consiste de vinte e oito dias, chamados nos textos antigos de "Vinte e Oito Casas da Lua".

O Poderoso Um de Deus

O arcanjo da Lua é Gabriel, cujo nome significa "Deus é Poderoso". Gabriel é o Príncipe da Fundação e regente do signo zodiacal da Câncer. Ele traz a Palavra criadora, dá a visão, comanda a hoste angélica dos Querubins e rege o elemento água. Na arte sagrada, Gabriel muitas vezes é pintado empunhando um bastão ornado de lírios, flor consagrada à Lua. O bastão é a vara do poder e, como as varas floridas de Aarão e de São José de Arimatéia, diz-nos que as marés etéricas regulam a vida e que o renascimento anual da natureza, o milagre da primavera, é provocado por essas marés ocultas. Gabriel, como Haniel, costuma mostrar-se sob forma feminina, revelando o aspecto nutriz dos poderes da Lua. Quando surge sob forma masculina, indica com isso o aspecto gerador da mesma força. Nos antigos panteões havia deuses lunares assim como deusas lunares.

Gabriel pode ser visualizado no quadrante ocidental, com olhos verdes que lembram o mar batido pelas tormentas, asas-aura de cor violeta pintalgada de prata — e cercado pelo rumor de águas turbilhonantes.

Criaturas da Lua

Os cães são consagrados à Lua e ao seu arcanjo, Gabriel. Na mitologia egípcia, Anúbis, o Senhor do Chacal, é o guardião da Mãe-Lua, Ísis. Todas as raças e tipos da família canina — dos lobos ao pequinês — estão sob o seu poder; e a magia lunar pode ser utilizada para garantir a saúde e o bem-estar dos cãezinhos de estimação. A lebre (não o coelho), o mocho, as grandes aranhas e as mariposas noturnas são mensageiros do arcanjo da Lua.

Todas as formas de crustáceos são lunares; a lagosta ou lagostim figura no quadro da décima oitava carta do tarô, "A Lua". A pérola, a adulária, a madrepérola e a prata conduzem bem o magnetismo lunar e podem ser usadas na magia da Lua. Todas as flores brancas, especialmente o lírio, propiciam a Lua. Para atrair suas bênçãos, coloque-as na janela (onde a Lua as pode "ver") em noites de Lua Cheia ou Nova.

No reino vegetal, o melão, a lechia, a pêra e o salgueiro refletem o poder lunar. As cores branca, prata e verde-claro também se acham em sintonia com a Lua.

O Seu Anjo Lunar

Todas as práticas mágicas associadas à Lua estão sob a regência de Gabriel, mas para levar a efeito esse aspecto da Magia Sagrada dos Anjos é preciso que você invoque também a assistência de seu anjo lunar pessoal.

O anjo lunar dominante é aquele que governa o signo do zodíaco em que estava a Lua no momento do nascimento. O horóscopo é um holograma do universo, congelado no instante em que se toma a primeira respiração. Os anjos que presidem a cada nascimento fazem com que esse instante esteja em completa harmonia com as necessidades do Eu superior que planejou a encarnação. Informações sobre a posição da Lua no decurso dos meses e anos podem ser obtidas nas *efemérides*; você pode comprar uma para cada ano, pois são baratas. Examinando as tabelas, descobrimos o signo em que a Lua estava no dia e na hora do nascimento. O satélite leva de dois a três dias para cruzar um signo, mas isso varia, e convém então consultar a efeméride do ano em questão. Veja a Tabela 1 abaixo para a lista dos anjos regentes de cada signo zodiacal.

Tabela 1. Regência Zodiacal dos Anjos-Mestres

Signo do Zodíaco	Anjo	Signo do Zodíaco	Anjo
Áries	Samael	Libra	Haniel
Touro	Haniel	Escorpião	Samael
Gêmeos	Rafael	Sagitário	Sachiel
Câncer	Gabriel	Capricórnio	Cassiel
Leão	Miguel	Aquário	Uriel
Virgem	Rafael	Peixes	Sachiel

O anjo regente do Sol é o ser angélico que governa o signo do zodíaco no qual estava o astro-rei no instante do nascimento. Se você nasceu a 16 de março de 1954, o Sol se encontrava em Peixes (Sachiel) e a Lua em Leão (Miguel): portanto, seu anjo lunar é

Miguel e seu anjo solar é Sachiel. Tanto o anjo do Sol quanto o da Lua são invocados em várias partes da magia sagrada.

Os anjos-mestres agem através do plano astral, que é também o plano emocional. A invocação é um ato de concentração mental ativado por nosso corpo astral, que "acende" a aura. Assim, nossa intenção é amplificada por nosso próprio anjo lunar, transmitida ao arcanjo Gabriel e dirigida para o objetivo desejado a fim de adquirir realidade física.

Os Talismãs de Poder

A magia lunar utiliza as duas grandes marés etéricas regidas pela Lua: a montante, quando todas as coisas crescem e prosperam, e a vazante, quando as águas refluem e as coisas se estiolam. Para tanto, recorremos a dois talismãs sagrados, chamados Tábuas da Lua: respectivamente, a *Tábua de Invocação* e o *Quadrado de Exclusão*, consagradas ao arcanjo Gabriel.

A Tábua de Invocação

Este talismã de poder é empregado durante o primeiro quarto; quanto mais próximo da Lua Nova, melhor. Sua função é fomentar tudo o que há de bom. No entanto, não significa que você pode pedir tudo de uma vez, pois cada petição deve ter sua Tábua de Invocação feita e consagrada só para ela.

Na forma e no delineamento, as Tábuas de Invocação lembram, fisicamente, as Tábuas da Lei que continham os Dez Mandamentos (ver Figura 1 à página 63). A razão é que Moisés recebeu a Lei iniciadora da civilização Ocidental por ocasião da Lua Nova. O nome do próprio Sinai, monte onde aconteceu o fato, deriva de *Sin*, deus caldeu da Lua. Essa tábua aparece também em *A Chave Suprema de Salomão* como o "Primeiro Pentáculo da Lua", embora o talismã anteceda de muitos séculos esse livro[3].

3. *Clavicula Salomonis (The Key of Solomon the King.* Trad. e org. por S. L. MacGregor-Mathers, York Beach, ME: Samuel Weiser, 1972; Londres: RKP, 1972).

A Tábua de Invocação da Lua pode ser usada para aumentar o que é desejável na vida: saúde, profissão, fortuna. Pode ser usada ainda para "dar nascença" a alguma coisa, conseguir um novo emprego ou acionar um projeto. É ótima para a convalescença, pois traz rejuvenescimento, e particularmente eficaz em áreas especializadas da saúde feminina como problemas menstruais, concepção, parto ou menopausa. A tábua, finalmente, pode ser utilizada para concretizar qualquer matéria regida pelo arcanjo Gabriel (ver Capítulo 4) e para invocar, por intermédio de Gabriel, outros anjos.

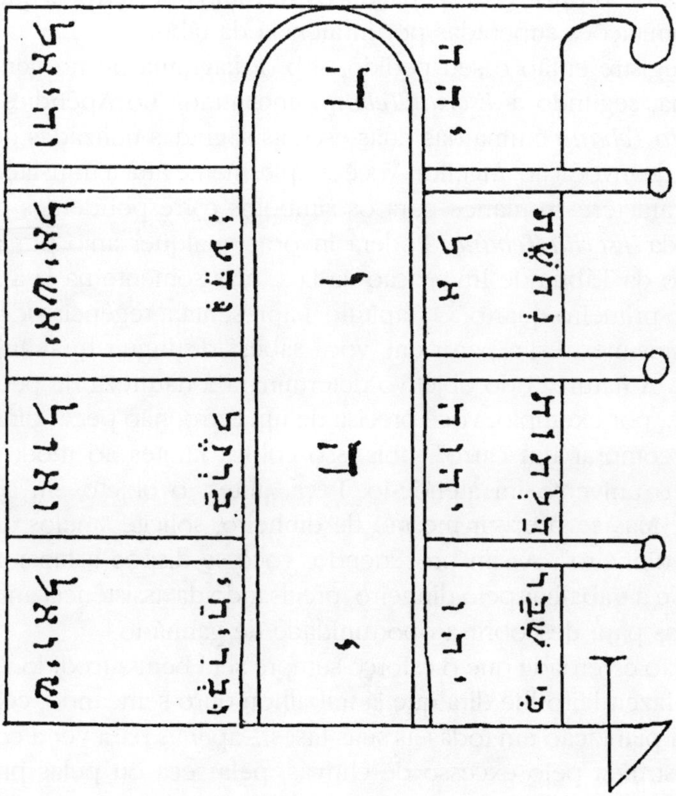

Figura 1. A Tábua de Invocação da Lua.

A Tábua de Invocação da Lua é desenhada em papel branco com tinta de qualquer cor, mas você pode utilizar diversas cores a fim de transformá-la numa obra de arte ou usar as cores próprias do ser angélico que preside à matéria do pedido (ver Apêndice II). Primeiro, trace o contorno da tábua, depois as letras das colunas, a começar da coluna da extrema direita. Por fim, escreva o Tetragrama, as quatro letras do Nome Inefável do Um, no arco central do desenho. Tratando-se de letras hebraicas, convém escrevê-las da direita para a esquerda. As palavras hebraicas na tábua representam os vários títulos de Deus, os nomes de alguns anjos lunares e o versículo 16 do Salmo 107 ("Pois quebrou as portas de bronze e despedaçou os ferrolhos de ferro"), que fala das limitações superadas por influência da tábua.

Registre então o seu pedido, sob o diagrama ou no verso da página, segundo a *Escrita Tebana* encontrada no Apêndice 1. A *Escrita Tebana* é uma das duas escritas sagradas utilizadas no sistema de invocação angélica. Você simplesmente fará a transliteração dos caracteres romanos para os símbolos correspondentes na tabela da *Escrita Tebana*. Poderá invocar qualquer anjo por intermédio da Tábua de Invocação da Lua, mas somente na Lua Nova ou no primeiro quarto. O Capítulo 4 apresenta a regência de todos os anjos-mestres; a partir daí, você saberá distinguir qual anjo invocar. A natureza do objetivo determinará a natureza da petição.

Se, por exemplo, você precisa de um carro, não peça "dinheiro para comprar um carro", pois isso coloca limites ao modo pelo qual o universo irá atendê-lo. Peça, antes, o objeto em si: um carro. Mas se precisar mesmo de dinheiro, solicite "meios de ganhar dinheiro". Assim procedendo, você se dispõe a fazer a sua parte e a trabalhar pelo dinheiro, precisando da assistência angélica apenas para descobrir a oportunidade de ganhá-lo.

Não é verdade que o esforço sempre será bem-sucedido. Qualquer fazendeiro lhe dirá que já trabalhou duro semeando, cuidando da plantação em todas as suas fases... apenas para ver a colheita destruída pelo excesso de chuvas, pela seca ou pelas pragas. Trabalho perdido. Na Magia Sagrada dos Anjos, nós invocamos para merecer; faremos a nossa parte sabendo que os anjos, se o consentirem, facilitarão as oportunidades e garantirão os resultados. Se necessitar de assistência em assuntos financeiros, recorra ao anjo Sachiel de Júpiter.

No âmbito da saúde, não se pode meramente pedir "boa saúde". Deve-se ser específico. Solicite a cura de uma determinada doença e será atendido. Uma vez pedida, a cura poderá vir de várias fontes: médicos, curadores ou mudança cabal de atitude. A magia da Lua só pode ser utilizada para invocar cura para você mesmo ou para a sua família. Outras partes da magia sagrada, explicadas no livro, prestam-se à invocação de cura para estranhos.

Muitos se sentem tentados, nesse campo, a imaginar-se "doutores ambulantes", prontos a curar qualquer um. As coisas, porém, não são tão simples, como certos curadores descobriram às próprias custas. Uma lição impopular, mas verdadeira, é que no nosso atual estágio de evolução aprendemos mais pelo sofrimento do que pela alegria. Em tempos de júbilo e contentamento, tornamo-nos complacentes e alheados, preocupados unicamente com a garantia da nossa felicidade. É em tempos de dor, ansiedade, luto ou solidão que a maioria das pessoas, por meio da reflexão e da introspecção, observa os padrões de vida que criou, detectando as reações emocionais negativas que, pela recorrência, levam a uma espiral descendente.

Por essa razão, os ocultistas abordam o problema da cura com cautela. O "benfeitor" atira-se de cabeça sem obter antes permissão, privando assim as pessoas a quem quer ajudar de suas próprias conclusões e subseqüente evolução. Portanto, o conflito íntimo do paciente — que é a verdadeira origem de muitas doenças — tem de encontrar outro meio de captar a atenção da personalidade, exteriorizando outro conjunto de condições mórbidas. A vida pessoal de certos "benfeitores" é uma confusão — prova segura de que não estão na lista de amigos dos Senhores do Karma.

Praticar esse sistema não fará de você um curador, que é uma vocação muito especializada. No entanto, se um doente *pedir* sua ajuda, você poderá recorrer aos anjos em favor dele, desde que se leve em conta a natureza sutil e complexa do destino humano. As palavras que se seguem são uma petição de cura, de eficácia comprovada ao longo dos anos: "Possa o sofrimento de [nome da pessoa] ser suportado por uma boa razão ou rapidamente eliminado." A experiência mostra que, em resultado desse tipo de petição, o doente logo se conscientiza e o mal físico desaparece.

Com os talismãs da Lua, você contata o anjo encarregado do assunto por meio da influência de Gabriel e do seu próprio anjo lunar. Se, por exemplo, tiver de invocar a cura de seqüelas pós-operatórias, essa é a área de Samael. A petição começará assim: "Ao anjo Samael de Marte, por intermédio do arcanjo Gabriel..." Você pode colorir a tábua com o vermelho e laranja de Samael.

Cada pedido exigirá uma tábua, confeccionada e consagrada especialmente a ele. Uma vez confeccionada e consagrada, a Tábua de Invocação será mantida por um ciclo lunar completo e destruída na Lua Nova seguinte. Você poderá fazer várias ao mesmo tempo; no entanto, a variedade na magia é como colocar diversas panelas no forno: divide a concentração e dilui o poder, de modo que os resultados poderão tardar. O melhor é fazer uma de cada vez. Mas pode suceder que você não tenha escolha: nesse caso, elabore uma Tábua de Invocação para um problema e utilize uma das demais técnicas apresentadas no livro para o outro.

O Quadrado de Exclusão

Este talismã da Lua é bem mais fácil de desenhar, mas sua aparência simples disfarça seu poder (ver Figura 2 à página 67). É utilizado para excluir circunstâncias que restringem a realização pessoal. Doença, pobreza e tribulações, atuais ou iminentes, podem ser removidas pelo uso correto do talismã.

O quadrado é desenhado e consagrado na primeira noite *depois* da Lua Cheia, no terceiro quarto, de sorte que, diminuindo o disco lunar, vá diminuindo também a adversidade que você quer excluir de sua vida. O quadrado pode livrá-lo de condições, situações ou pessoas que você já superou, mas continuam a atrapalhá-lo, impedindo seu progresso e o delas próprias. O quadrado lembra o conceito de "devolução" dos índios norte-americanos, pelo qual as influências coercitivas, sejam elas pessoas ou coisas, são

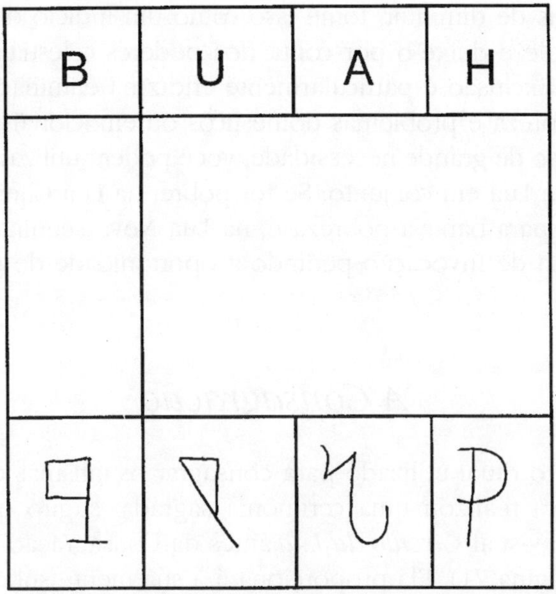

Figura 2. O Quadrado de Exclusão da Lua.

mandadas de volta para o universo com coração aberto e abençoadas para que façam boa jornada. Mesmo a doença, não raro devida ao pensamento ou condicionamento negativo da própria pessoa, pode ser modificada, transformando-se sua energia em poder vivificante.

O Quadrado de Exclusão é desenhado com tinta preta em papel branco. Em primeiro lugar traça-se o quadriculado e depois escreve-se no alto, em caracteres romanos, a palavra "Buah" (que significa dissipar, afastar), repetida embaixo na Escrita Tebana. No centro do quadrado você escreverá, também na Escrita Tebana, aquilo que quer eliminar da sua vida. Assim como a Tábua de Invocação, faz-se um Quadrado de Exclusão para cada assunto: ele não pode ser utilizado para vários problemas ao mesmo tempo. O quadrado consagrado é mantido por um ciclo lunar completo e queimado na Lua Cheia seguinte. Se o mal de que deseja se desvencilhar persistir ainda (há coisas mais fortes que outras), faça um novo quadrado para continuar o trabalho. Se o problema tiver dado sinais de diminuir, tome isso como um indício de que está sob controle e deixe-o por conta dos poderes celestiais. O Quadrado de Exclusão é particularmente eficaz na eliminação de doenças, pobreza e problemas domésticos ou emocionais.

Em caso de grande necessidade, você poderá utilizar ambos os talismãs da Lua em conjunto. Se for pobre, na Lua Cheia faça um quadrado para banir a pobreza e, na Lua Nova seguinte, elabore uma Tábua de Invocação pedindo a oportunidade de ganhar dinheiro[4].

A Consagração

Esse é o ritual utilizado para consagrar os talismãs da Lua. Se você nunca realizou uma cerimônia sagrada, sugiro que faça a meditação visual *Círculo da Lua* antes da Consagração (ver Exercício 2, página 71). Ela proporcionará à sua mente subconsciente formas com que revestir os poderes lunares. Assegure-se de que não será perturbado, pois convém trabalhar sem interrupções. Erga um altar: basta uma mesa coberta com toalha branca ou verde-clara, orientada para oeste, com duas velas brancas em castiçais (brancos, sendo os melhores os de prata ou vidro), mais uma luz central representando o Divino Criador e incenso de boa qualidade (olíbano ou incenso da Lua especialmente preparado). Se quiser, coloque duas cartas de tarô sobre o altar (a "Grande Sacerdotisa" para a Lua e o "Carro" para o signo zodiacal de Câncer), juntamente com sua petição, tesoura, régua e lápis coloridos. Flores brancas num vaso apropriado formam um bonito centro de mesa. Aconselha-se esboçar a lápis o talismã, antes da consagração, para que fique mais fácil preenchê-lo a tinta durante a cerimônia.

---

4. Segundo uma tradição oculta, esses mistérios do arcanjo Gabriel podem ser usados para se invocar os anjos cujos mistérios e ritos são desconhecidos ou duvidosos, como por exemplo o arcanjo Asariel de Netuno.

Tome um banho lustral, com a intenção de purificação em mente: você irá executar uma tarefa sagrada na presença dos poderes angélicos e deve estar purificado. Vista roupas limpas ou, se quiser, um manto colorido (na Magia Sagrada dos Anjos, porém, o preto jamais é usado).

Penetre no seu espaço sagrado e acenda a lâmpada do altar; na chama desta, acenda as duas velas e o carvão para o incenso. Sente-se em meditação por alguns instantes, banindo todos os pensamentos alheios à sua intenção ritual. Se alguma preocupação persistir (relacionada, por exemplo, com o problema que deseja eliminar), em vez de suprimi-la, determine-se mentalmente a dar-lhe depois a devida atenção; ela então serenará e deixá-lo-á livre para prosseguir. Quando estiver pronto, atire algum incenso no braseiro, dirija-se para o altar e ore:

> *Ó Todo-Poderoso, purificai e protegei este local onde me encontro. Se for da Vossa vontade, mandai Vossos Anjos Sagrados de Luz para que me ajudem neste problema que, de coração, eu apresente a Vós. Selah.*

Apanhe a lâmpada acesa do altar e, mantendo-a à frente, faça o giro do recinto no sentido horário, visualizando um círculo de luz branca sendo formado pela chama. Completado o círculo, devolva a lâmpada ao altar. Passe as mãos, o papel e os instrumentos pela fumaça do incenso a fim de purificá-los. Agora, elabore a Tábua de Invocação ou o Quadrado de Exclusão da Lua. Quando o talismã estiver pronto, tome-o com ambas as mãos e poste-se diante do altar novamente.

Com suas próprias palavras e pensamentos, chame o arcanjo Gabriel. Ele se colocará do outro lado do altar, fitando-o através da chama sagrada. Invoque então seu anjo lunar e saberá que ele atendeu ao chamado ao sentir-lhe a presença bem atrás de seu ombro esquerdo. Em seguida, concentrando-se no anjo que rege a matéria objeto do pedido, chame-o — perceberá que o anjo lunar o ajudará nisso. Ao responder, o anjo se fará discernível à sua psique volteando sobre a lâmpada do altar.

Na presença desses Seres Brilhantes, leia a sua petição em voz alta com firme intenção e depois coloque o talismã sobre o altar. Sentirá o poder penetrando na tábua ou no quadrado e "vivificando-os" de modo curioso. Então o anjo regente partirá, levando consigo a essência do pedido.

Educadamente, agradeça ao anjo lunar e ao arcanjo Gabriel, que por sua vez partirão também. Tome novamente a lâmpada e faça outro círculo, mas desta vez no sentido anti-horário; a radiância do círculo retornará, pela lâmpada, ao Coração da Luz. Por fim, poste-se diante do altar e ore:

> *Ó Todo-Poderoso, obrigado por esta graça. Possam os poderes invocados, com a Vossa bênção, retornar às suas esferas. Selah.*

Apague as velas e desmonte o altar, se precisar. Deixe a lâmpada acesa e as flores brancas no parapeito da janela como uma oferenda aos poderes da Lua. Guarde o talismã consagrado em lugar seguro.

Chegada a hora de destruir o talismã, bastará erguer um altar simples com uma toalha, uma lâmpada e um receptáculo para as cinzas. Invoque o Todo-Poderoso como antes, faça o círculo de luz com a lâmpada e em seguida, com suas próprias palavras e seu amor, agradeça aos poderes angélicos envolvidos. Depois, acenda o canto da tábua ou do quadrado na lâmpada do altar e deixe queimar no receptáculo até o fim. Repita a "Licença para Partir" (palavras finais da cerimônia) e deposite as cinzas na terra amorável.

Exercício 2

O Círculo da Lua

Sente-se tranqüilamente e relaxe. Respire profunda e suavemente, sem esforço. Mergulhe no centro do seu próprio ser, no seu eu eterno.

Em torno, ergue-se uma névoa esverdeada, salpicada de corpúsculos prateados de luz. Aos poucos, a névoa o envolve; você estremece ao contato dessa frialdade astral, mas logo se acostuma. Sente-se então a flutuar como uma pluma na brisa vespertina.

Quando o nevoeiro se esvai, você se acha sentado no alto de uma colina, ao crepúsculo. O Sol acaba de desaparecer no poente e as primeiras estrelas pontilham o firmamento quais diamantes sobre veludo azulado. Embora esteja muito escuro para lobrigar o vale lá embaixo, você distingue a fita prateada do regato que o atravessa, bem como as cascas esbranquiçadas dos troncos de salgueiro que o margeiam.

Um focinho gelado toca-lhe a mão. Assustado, você se volta e vê, sentado a seu lado, um grande cão de caça. O pêlo do animal parece alvo e macio à luz das estrelas e ele traz ao pescoço um colar de adulárias ligadas com fio de prata. O cão fita-o com seus olhos azuis, revelando uma inteligência que contradiz sua forma animal. Passada a surpresa você sorri, acaricia-o, coça-lhe atrás das orelhas e se diverte com o som de sua cauda batendo no chão.

Agora que as apresentações estão feitas, o cão se ergue e começa a descer a colina. Você segue o novo companheiro com a mão ligeiramente pousada sobre seu dorso. Já perto do vale, pode ouvir o rumor das águas do regato que correm em busca de um grande rio. Um rouxinol trina nas árvores à frente, enquanto você finalmente atinge o vale. Como se fosse um sinal, a Lua Cheia surge por sobre as franjas das árvores e banha com seu fulgor argentino o vale inteiro. Cada folha, cada ramo parece tecido de prata. O próprio ar como que se enche de radiância violácea. E a coruja branca que voa em círculos revela a essência da Lua.

Vocês continuam avançando em direção ao regato, aspirando a beleza do cenário e parando de vez em quando para tocar os galhos pendentes dos salgueiros. Embriagado de luar, você brinca de esconde-esconde com seu guia por entre as ramagens. Sente-se completamente sereno e satisfeito nesse vale, como se o conhecesse desde sempre.

Correndo atrás do cão, você vai dar a uma clareira na mata. No meio dela vê-se um círculo formado por nove dólmens verticais, cada um correspondendo ao dobro de sua altura. No centro desse círculo ergue-se uma fonte de pedra; a água; enchendo-a até as bordas, sussurra ao luar; e artemísias de um tom cinza-claro crescem à sua volta. Uma atmosfera de força e reverência domina a clareira, parecendo emanar da fonte e das altas sentinelas de pedra que a ladeiam. Conseguirá você achar o caminho de volta? O cão fita-o e agita suavemente a cauda, como a dizer que tudo está bem. Deixando de lado a apreensão, você segue o guia, que se põe a saltitar à roda do círculo de pedra. Agora tranqüilo, você entra no espírito do jogo e tenta agarrar o comprido rabo do cão, enquanto a Lua vai subindo cada vez mais no céu.

Súbito, o animal estaca e você precisa desviar-se para não colidir com ele. O cão se senta e mira o firmamento. Você acompanha-lhe o olhar e percebe que o disco cheio da Lua está quase no zênite. Levantando a cabeça, o cão emite um uivo que enche o vale e ecoa nas colinas circunjacentes. Depois, faz-se completo silêncio; até o regato múrmure parece submisso e distante. O animal se ergue e começa a trotar, circulando por entre as nove colunas. E olha para trás como a dizer: "Venha!" E você vai.

O humano e o canino, representantes de dois reinos da criação, coleiam por entre os membros de um terceiro, o mineral. É uma dança. O quartzo embebido nas pedras faísca ao luar, enquanto você, com passo leve, gira em torno delas. Já perdeu a conta de quantas vezes ambos percorreram o circuito — apenas dançam sob a luz argêntea nesse local encantado. Num movimento espiralado, o animal se dirige para dentro do círculo e estaca a meio caminho da fonte. Outra vez lança seu uivo plangente: a Lua agora está no ápice da esfera celeste. Um raio de luar — um "dardo de Diana" — desce a iluminar o círculo, e uma imagem perfeita da Lua reflete-se nas águas da fonte.

O feixe de luz esplende mais e mais até tornar-se um pilar de fogo azul-prateado que une a Lua, no alto, à sua imagem no espelho de água, embaixo. A coluna de chama lunar pulsa e gira, crescendo em força e diâmetro. A fonte esbraseada toma o matiz delicado da pérola. O fogo lunar transborda da fonte e derrama-se pelo chão, alcançando a fímbria do círculo. Quando a algidez desse fogo atinge suas pernas, um estremecimento de gélida força sobe-lhe pela espinha e concentra-se na sua fronte. A sensação afeta sua acuidade visual: uma cortina de cores esvoaçantes desce sobre tudo e seu olhar se enche de tons de púrpura, azul, prata, amarelo-escuro e puríssimo violeta.

Ajustando-se a um nível mais alto de percepção, você contempla a cena com olhos espirituais. Cada dólmen do círculo é agora um grande cristal, recebendo e emitindo o poder da Lua, vibrando e ressoando — cada qual ligado a seus congêneres, mas cantando num tom diferente, formando todos um acorde. Você descobre então por que os antigos chamavam esses círculos de "coros". Postados entre os monolitos vêem-se *anjos*! Nove membros da Hoste dos Querubins formam um círculo com os cristais, transfundindo e aumentando a energia deles.

Os querubins revestem os traços de belos seres humanos, sem

distinção de sexo, mas ostentando os mais nobres aspectos de ambos. Seus olhos grandes e rasgados penetram o cosmo e todos os níveis do ser se abrem à sua percepção. São fortes esses querubins, fortes para além do que podem supor os mortais. Sua presença é de um poder irresistível, mas animado por um amor generoso. Suas asas-aura são glórias vivas que tanto os velam quanto os emolduram. Cada anjo traz um diadema de alva chama coruscante.

Pela terceira e última vez, o cão uiva; e ao morrer esse som você começa a ouvir o canto do Círculo de Poder mais claramente que antes. Os compactos cristais emitem notas profundas como as de um órgão. Em resposta, as auras dos querubins aumentam de intensidade e fazem vibrar notas agudas, doces, de inimaginável pureza, em concerto com o som grave dos cristais.

À sua frente, do outro lado da fonte, começa a formar-se um padrão de energia. De cor violeta-prateada, vai ganhando tamanho e substância até revelar o arcanjo Gabriel, alto servidor do Santíssimo. A "presença-pensamento" que o arcanjo da Lua reveste tem quase três metros de altura, e suas asas de cor prata e violeta roçam o círculo de pedras. Traja o azul dos céus e dos mares. Na fronte ele ostenta um diadema de prata onde se lê, em letras de fogo, o Nome de Deus. Numa das mãos segura a vara do poder, florida de lírios; na outra, o cálice da Lua. Os olhos do arcanjo são verdes como o mar encapelado e à sua volta ecoa o rugido de águas formidáveis.

Ali, diante de você, alteia-se o "Poderoso de Deus", o Anunciador dos *Christoi*. O medo aperta-lhe a garganta enquanto os olhos verdes e oblíquos do ser celestial — que já existe antes do nascimento das galáxias — se fixam em seu rosto. Todavia, a despeito do poder transcendente do arcanjo, você percebe que ele mantém sua força num nível suportável, para que haja comunicação entre vocês. Há um zumbido em sua mente, um ajuste, como um rádio sendo sintonizado. Então, por contato mental, a voz do arcanjo soa como um rebate de sinos:

Salve, Filho da Terra, rebento do Um. Muito nos apraz que busques teu legado e me invoques, como a meus irmãos, para assistir-te na grande jornada rumo ao divino. Pois que somos de uma Fonte Única, tu e eu. Usa o conhecimento sagrado que te foi transmitido e não o profanes, para que as flores possam ornar o teu caminho. Chama-nos quando os ciclos forem propícios — sabem-no os iniciados pelo fulgor e escurecimento do satélite que é a vossa Lua. Agora contempla, se o queres, a Fonte da Visão.

Você olha para as águas da fonte e vê formar-se nelas a imagem de uma estranha coroa. Tem dois cornos, entre os quais pousa um Crescente e uma estrela solitária. Maravilhado, você se volta para Gabriel, que explica:

Por meio desse sinete poderás chamar-me dos extremos do universo. Cria-o na mente com fogo prateado e eu estarei contigo. Usa-o com prudência. Desde os dias de Enoque, hoje Príncipe da Serenidade, tenho atendido às preces da humanidade. Poderás retornar a este capítulo de poder sempre que necessitares. O guia te trará; mas fica sabendo que ele não é uma criatura da Terra e sim um espírito da Lua. Com o tempo aprenderás a falar com ele. Agora, se te aprouver, recebe de mim a Bênção do Um.

O semblante do arcanjo vai se tornando cada vez mais brilhante, até que o revérbero obriga você a baixar a cabeça. Entretanto, os olhos dele continuam na sua mente, olhos que viram Deus face a face.

Quando você ergue de novo o olhar, Gabriel e seus querubins já se foram. Lá está você dentro do círculo de nove pedras cinzentas, ao lado da fonte que recolhe as águas da chuva. Deitado ao pé da fonte, está um grande cão trazendo ao pescoço um colar de adulárias ligadas por um fio de prata. A Lua desce por trás dos montes que cercam o vale sagrado.

Com o seu guia, você se afasta do Círculo da Lua e, passando pelos salgueiros que se debruçam à margem do regato, dirige-se para a colina de onde desceu. Enquanto sobe as íngremes encostas, escuta o piar de uma coruja: seria a mesma que vira voejar? Mas, há quanto tempo?

Do alto da colina, você se vira para contemplar o vale, agora embuçado nas trevas. Um nevoeiro esverdeado, com fagulhas de prata, começa a erguer-se; é hora de agradecer ao guia. O cão se põe de pé e pousa as patas dianteiras em seus ombros. Lambe-lhe o queixo com sua língua tépida e, nisso, você ouve mentalmente: "*Meu nome é Atliel. Volte para brincarmos de novo.*" A névoa desce sobre você, que tem a mesma sensação de leveza de antes, até descobrir-se outra vez instalado mansamente no seu corpo.

Assegure-se de que está inteiramente consciente do nível físico. Espreguice-se e tome uma bebida quente. Por fim, rememore a jornada interior antes que os detalhes e as respostas emocionais se dissipem.

Capítulo 3

Trazendo a Cura nas Asas

O Sol da justiça surge trazendo a cura nas asas.[1]

Os anjos são ministros do Altar da Vida. Sua supervisão da vida encarnada — com todas as funções e inter-relações complexas — faculta-lhes grandes habilidades de cura em suas áreas de atuação. Entretanto, eles não apreendem o quadro total da humanidade porque nunca tiveram corpos nem se submeteram às leis que governam os mortais. Os seres humanos, como dissemos, são uma mescla complexa de espírito, psique e matéria. Assim, embora um anjo possa especializar-se, por exemplo, em distúrbios do sistema nervoso, tem de restringir-se unicamente a esse campo e nada faria se invocado para recuperar ossos quebrados. Também não são capazes de entender, por si mesmos, os estados emocionais resultantes da má saúde. Portanto, a pessoa que invoca os anjos para fins de cura precisa saber exatamente qual ser angélico deve chamar a fim de obter tratamento para uma doença específica.

O aspecto medicinal da Magia Sagrada dos Anjos não tem va-

1. Malaquias, 4:2.

lor de diagnóstico nem transforma a pessoa num curador — embora os curadores possam valer-se dela para aprimorar seu trabalho. Mas a Magia Sagrada dos Anjos capacita o praticante a invocar com êxito a cura de determinados males.

Os tratamentos dos anjos em geral são aplicados por intermédio de canais naturais. Eles costumam usar pessoas como seus agentes; um paciente pode receber inspiração para procurar outro médico; um conhecido pode falar de um curador que o doente não conhecia; um artigo de revista ou um programa de televisão podem fornecer informações que levam à compreensão da doença e sua cura subseqüente. Todos os profissionais da saúde — médicos, enfermeiras, dentistas, veterinários, etc. — estão sujeitos ao ministério de cura dos anjos. Ainda assim, muitas vezes a cura proporcionada pelos anjos assume caráter milagroso. Essas manifestações de natureza excepcional, no entanto, só se dão quando não existem outros meios de alcançar resultados. Eu, pessoalmente, sei de inúmeros casos em que a cura se deu após a invocação angélica. As únicas vezes que presenciei curas milagrosas (ou chamadas "milagrosas", por não conhecermos ainda muito bem as leis que as regem) foram em situações nas quais os recursos médicos estavam esgotados ou os doentes desenganados. E se aprendi alguma coisa em meus anos de prática da magia angélica, foi isto: o Céu não é surdo (embora nós quase sempre o sejamos) e a "esperança" é um impulso brotado do conhecimento espiritual, inato no homem, de sua própria natureza eterna. Quando a cura é desejada no Alto, órgãos se regeneram, doenças hereditárias ou terminais são eliminadas e mesmo os mortos se erguem do sepulcro.

Doença

Para compreender a cura, precisamos antes examinar por que, nas obras da Providência, as moléstias vêm a ocorrer. O assunto é complicado e amplo. O que se segue não passa de generalização dos princípios envolvidos, não podendo ser considerado dogmático nem exaustivo.

Encarnamos pela primeira vez como criaturas inocentes, sensíveis, dotadas de livre-arbítrio e potencial divino. Com efeito, o propósito da humanidade é expressar o divino de um modo único neste planeta e, no futuro, talvez em outros. Estamos evoluindo, estamos aprendendo a expressar o potencial da nossa natureza divina.

Como seres inexperientes e ingênuos, somos a princípio canhestros e descuidados. Nossos pensamentos, palavras e ações tendem para a imprecisão. De fato, a raiz da palavra "transgressão" (de onde vem o conceito de pecado) significa "errar o alvo", "ter má pontaria". A transgressão provoca desequilíbrio e desajuste com a rede superior de energia. A energia gerada por essas expressões inábeis dá nascença a um karma adverso. O karma não é aquele conceito oriental fatalista que muitos cultivam. Todas as tradições ocultas, tanto do Oriente quanto do Ocidente, sempre consideraram o karma um fenômeno observável. O karma adverso é simplesmente o corretivo da energia mal-aplicada e em desequilíbrio, e não o castigo do mau comportamento. É, por isso mesmo, educativo. As áreas de nossa vida em que o karma pode ser observado mostram-nos exatamente onde concentrar a atenção. A doença, por exemplo, quase sempre é conseqüência do karma. Entretanto, a própria natureza da doença — sintomas, parte do corpo ou da mente afetada, restrições que impõe — já indica o que precisa ser feito para restaurar o equilíbrio e, portanto, a saúde.

Sabemos que várias moléstias do coração se devem à contínua recusa de expressar emoções; a repressão persistente do fluxo de energia emocional acaba afetando os órgãos físicos, e o coração passa a opor-se à livre circulação do sangue pelo corpo.

A doença também costuma ser provocada pela tensão. Ter um emprego fácil e garantido faz parte do "bom senso", mas uma pessoa pode trazer em si forças criadoras vibrando em sua rede psíquica — e elas precisam expressar-se. Acontece que essa pessoa, em virtude de pressões familiares ou da "educação", talvez se sinta receosa de viver o momento. A falta de conhecimento do universo, resultando numa desconfiança profunda da existência, faz com que ela se atenha a um modo de vida que odeia. Em conseqüência, o ódio, alimentado pela frustração, vai crescendo com os anos, arruinando o relacionamento com a vida e embotando a capacidade de se alegrar. Por fim esse ódio recai sobre a própria pessoa — que de modo literal, posto que inconsciente, deseja livrar-se de uma vez por todas do corpo físico. A única maneira de alterar esse quadro é seguir o conselho de Joseph Campbell e "seguir o caminho da alegria".

Muitas das grandes conversões, descobertas e transformações interiores ocorreram num leito de enfermo. Quando a doença se manifestar, pergunte: "Por que aconteceu isto?", "Que lições posso tirar daí?" Combata a reação emocional do "Por que eu?" e vá galhardamente para diante, em busca da compreensão daquilo que o universo reserva para você. Mergulhe dentro de si mesmo e pergunte ao corpo (que tem inteligência animal própria) onde ele quer que você fixe sua atenção. Empreenda uma jornada imaginária, observe e registre os locais por que passou, bem como as pessoas com quem travou conhecimento. Essas observações vão ajudá-lo a descobrir o que se passa lá dentro. Algumas pessoas adoecem com freqüência, mas sem gravidade, porque só nessas ocasiões conseguem refletir sobre a história e os rumos de sua vida.

Depois de fazer tudo o que puder, invoque o anjo que cuida do seu tipo de problema e declare:

> *"Anjo, possa eu suportar este mal por uma boa razão ou livrar-me prontamente dele."*

Os Anjos-Mestres como Curadores

Cada um dos anjos-mestres, que são também anjos planetários, pode ser invocado para a cura de várias doenças. Quando você souber qual deles é o encarregado, poderá chamá-lo mediante uma carta de petição (ver Tabela 2, pág 82). Os sinais que se manifestarem após seu pedido serão indícios de assentimento. Mas se tiver de lidar com uma doença sem saber a qual anjo recorrer, invoque o arcanjo Rafael para que ele entregue a petição à entidade competente. Como principal anjo curador e regente da comunicação, ele se desempenhará da tarefa num "abrir e fechar de asas".

Cirurgia

Antes de se submeter a qualquer cirurgia, invoque o anjo Samael de Marte. Ele não apenas guiará a mão do médico durante a operação como estimulará, depois, a força de recuperação do seu corpo. A anestesia geral desgasta muito o organismo, pois grande quantidade de energia etérica se perde durante o estado inconsciente: os sonhos vívidos que acompanham a anestesia já indicam o quanto a psique se afastou do invólucro físico.

Um amigo meu da Suécia, cirurgião e curador (como também sacerdote cristão e maçom), fez algumas experiências pós-operatórias muito interessantes. Transmitiu diretamente energia de cura a um grupo de pacientes enquanto os examinava, e para outro grupo deixou que a cura seguisse seu curso natural. Monitorou todos os casos segundo critérios científicos e descobriu que o primeiro grupo se recuperou mais depressa e com menos sofrimento do que o segundo.

Hospitais

Cada hospital é presidido por um grande anjo curador, e muitos outros membros da esfera angélica também servem nesses locais. Num hospital geral, pode-se encontrar anjos de Marte (Samael), supervisionando cirurgias e revitalizando corpos exauridos; anjos da Lua (Gabriel), ajudando novas almas a entrar na vida física através do portal do nascimento (os Portões de Marfim)[2]; anjos curadores, especializados em diversas doenças e os piedosos anjos pastores, anjos de Saturno (Cassiel), retirando delicadamente as almas de seus corpos desgastados e conduzindo-as para a Luz.

2. Referência à cintura pélvica.

Tabela 2. Regências Angélicas na Cura

ANJO	SINTOMA
Miguel	Doenças do coração ou da coluna, incluindo a musculatura das costas
Gabriel	Problemas da mulher (doenças dos seios, distúrbios relacionados com o parto, inclusive suas conseqüências). Todos os males do estômago, verrugas, esterilidade, edema (em ambos os sexos)
Samael	Todos os tipos de feridas, escoriações, infecções, erupções cutâneas, enxaqueca. Samael é o patrono da cirurgia
Rafael	O anjo curador por excelência, vigilante da saúde geral. Todos os males do peito e dos pulmões. Benevolência especial para com a saúde das crianças, pássaros e animais de pequeno porte
Sachiel	Problemas de má circulação do sangue, como varizes e hemorróidas. Saúde dos tornozelos e dos pés
Haniel	Não rege as artes da cura
Cassiel	Reumatismo, artrite, todas as doenças causadas pelo frio e pela umidade. Trata eficientemente as doenças dos idosos, proporcionando alívio duradouro, se não a cura total. Cassiel é muito lento; portanto, havendo urgência, invoque-o por intermédio do arcanjo Rafael
Uriel	Todos os distúrbios do sistema nervoso
Asariel	Loucura, obsessão e alucinações; problemas oriundos da paranormalidade passiva

As capelas de hospital costumam ter atmosfera recolhida, como se ali a experiência do sofrimento afastasse as preocupações insignificantes e evocasse uma relação mais direta com a vida e a Fonte de toda vida. Raramente se dizem preces superficiais em capelas de hospital. Boa parte da obra curativa dos anjos acontece durante a noite, quando o corpo astral dos pacientes deixam o invólucro físico para se restaurar em seu próprio nível. A ausência da consciência do doente permite que a energia curativa direcionada pelos anjos flua sem obstáculos. A correria de um grande hospital cessa à noite, exceto nos setores de emergência; as esgotadas enfermeiras repousam até o amanhecer; e os piedosos anjos voam para os leitos da dor a fim de ministrar seu invisível tratamento. Alguns anjos atuam diretamente sobre o corpo físico, focalizando nele a luz radiante; outros conduzem as almas adormecidas a diversos planos interiores de cura, como as águas silentes.

Se você for visitar um doente no hospital, passe primeiro pela capela. Concentre-se, invoque a bênção do Alto sobre a obra do anjo protetor do hospital e chame os anjos curadores, pedindo-lhes que assistam o enfermo. Você pode utilizar a seguinte invocação:

> *Divino Criador, Fonte Eterna da Vida, enviai Vossos Anjos Curadores, as Hostes de Rafael, para dar paz e plenitude a* [nome do doente]. *Que cada músculo, cada nervo, cada célula, cada átomo dele se banhe na Luz de Vosso Amor. Possam o corpo, a mente e a alma de* [nome] *embeber-se de Vossa graça renovadora. Que a flor do coração de* [nome] *se abra para receber a força de Vossos raios. Amém.*

Anjos da Cura, Seres Dourados do Sol, trazei vigor e saúde a [nome]. Selah.

Depois de invocar assim os anjos curadores, vá ver o doente. Procure tocá-lo, segure-lhe as mãos: talvez os anjos utilizem você como canal para o tratamento[3].

3. Essa invocação pode ser usada junto a qualquer leito de doente.

Sempre que passar por um hospital, lembre-se de apelar para o seu anjo. Não é necessário que seja uma invocação oral: um único pensamento — incisivo como uma flecha — já basta. Não imaginamos o quanto esses anjos de misericórdia se sentem estimulados ao perceber seres físicos reconhecendo e abençoando sua obra invisível.

Nascimento

Todo nascimento, de homem ou animal, é presidido pelos anjos. Para a fêmea de qualquer espécie, dar à luz representa a máxima experiência iniciática. Na espécie humana, a parturiente oferece sua vida para que as Portas do Nascimento se abram. Também a alma que vai encarnar é muito vulnerável nessa ocasião. O *Livro de Orações dos Judeus* contém uma prece pelas almas que "se aproximaram da Terra e passaram de largo"[4].

Um amigo meu, agora no convívio dos anjos, contou-me que, passeando certa manhã de domingo ao norte de Londres, teve sua atenção atraída para uma alameda próxima. Obedecendo à intuição, penetrou na alameda e avistou, com os olhos da alma, Nossa Senhora, a sagrada Mãe Maria, rodeada de anjos. A visão era gloriosa, assustadora e, no entanto, indizivelmente terna. Quando se recuperou o bastante para aproximar-se, descobriu que o foco físico de sua percepção interior era uma gata que ali se refugiara para parir seus filhotes.

Os anjos que protegem os nascimentos são principalmente os do Coro dos Querubins, entre cujas tarefas está a supervisão do Tesouro das Almas. Às vezes, durante um parto, podem manifestar-se Maria, Ísis ou Kwan-Yin. Esses meigos e augustos arquétipos são formas do Amor Materno do Um que vêm para abençoar o "primeiro alento". Uma luzinha discreta, acesa com a intenção

---

4. Ver *The Authorized Daily Prayer Book of the United Hebrew Congregations of the British Commonwealth of Nations*, Londres, 1962.

de dar boas-vindas ao querubim, pode ser de muita valia por ocasião de um parto.

A grande vidente Phoebe Payne narra assim o que observou num nascimento ocorrido numa maternidade nos anos 20, do ponto de vista interior:

> [...] O local estava curiosamente banhado de luz suave e fulgurante, que parecia provocada pelos anjos ocupados em presidir ao nascimento da criança. Naquele espaço, as cores brilhantes dos anjos chamejavam em matizes alternados, criando um efeito bizarro onde tonalidades e sons se misturavam — ora formando esquemas rítmicos, ora moldando nuvens de cores gloriosas.
>
> Até onde se podia perceber, os anjos falavam e agiam em termos de consciência e não pelos meios concretos de expressão. Parecia que se realizava uma cerimônia na qual os seres angélicos que assistiam o médico, o eu prestes a encarnar (pessoa) e o anjo regente eram os principais oficiantes. Era como se praticassem um ritual definido, simples mas profundamente místico, que culminou, após o parto, na entrega do recém-nascido aos cuidados de outro anjo [...]
>
> O anjo que presidia à cerimônia mostrava imensa dignidade e poder, uma autoridade sacerdotal intimamente ligada ao coração da Mãe do Mundo. Através dessa figura radiante, um fluxo de simpatia e compreensão corria para a mãe, abençoando ao mesmo tempo sua sublime função de mulher e unindo os mais elevados aspectos da consciência dela à sensação da presença de Nossa Senhora [...] De um modo profundamente místico, esse anjo parecia ser o representante direto da Mãe Sublime, transmudando-Lhe a influência de modo que pudesse ser recebida pela alma da parturiente. Ele era como o tabernáculo onde ocorria a celebração de um mistério, atuando como vínculo com os mais altos planos espirituais, inacessíveis aos egos dos presentes [...]
>
> O anjo era um ser glorioso, de quase três metros de altura, com um corpo como que plasmado em ouro líquido, fulgindo

> por entre as dobras de um manto azulado [...] Seus olhos profundos tinham a tonalidade da violeta. No peito, cintilava-lhe uma estrela de alva luz, que não cessou de reverberar durante toda a cerimônia [...] Quando a criança tomou sua primeira respiração, os raios brancos (da "estrela") projetaram-se em longos filamentos, envolvendo por um segundo a mãe e o filho.[5]

Outros seres, além dos anjos, presenciam nascimentos; amigos da alma prestes a encarnar, vindos dos planos interiores, muitas vezes comparecem. Tudo se passa como quando acompanhamos no aeroporto, ao cais ou à estação um amigo que parte para uma longa jornada. No Egito antigo os Sacerdotes de Ma'at, que eram videntes, assistiam aos nascimentos reais para confirmar, observando seus acompanhantes, a qualidade da alma recém-chegada. De fato, segundo a perceptiva dos anjos, os processos de nascimento que eles facilitam constituem a imagem especular de outro evento a que também invariavelmente presidem: a morte.

Transição

Os antigos gregos figuravam o deus da morte, Tânatos, como um jovem belo, alado e de cabelos negros. Na cultura ocidental, a maior parte dos nascimentos (mas não todos) são considerados em geral acontecimentos "felizes". Quase todas as mortes (mas algumas não) são tidas por "desgraças". Felizmente, um bom trabalho tem sido realizado nos nossos dias por tanatologistas como Elisabeth Kübler-Ross e Stephen Levine, empenhados em mudar a visão que temos da morte e em capacitar pessoas a ajudar os moribundos no seu preparo holístico para o primeiro passo na jornada rumo à Luz. Elisabeth Kübler-Ross fala de sua experiência junto ao leito de crianças prestes a morrer e de como pôde pressentir,

5. Correspondência particular.

nessas ocasiões, a presença de Nossa Senhora e o perfume de rosas, o que dá fundamento à prece da *Ave Maria*: "Santa Maria, mãe de Deus, ficai conosco agora e na hora de nossa morte." Assim também, "mãe" significa Deus nos corações e lábios das crianças. Morrer num local presidido por um grande anjo pastor é uma verdadeira bênção.

Na realidade, o ventre e a tumba representam dois aspectos de um fluxo contínuo. Nossa percepção desse fluxo depende do ponto para onde estivermos olhando. Na tradição antiga, o "Portão do Chifre" traz gravadas sobre o lintel, de um lado a palavra "Entrada", do outro a palavra "Saída". Tudo o mais é questão de perspectiva.

O ideal é que, no instante da morte, a alma bem-preparada se retire calmamente do veículo material — o laço de prata que liga o corpo físico ao corpo etérico se rompe (como, no nascimento, o cordão umbilical) e a alma parte, livre, para o nível astral. Ela se transfere depois para o nível espiritual, onde o Eu Superior avalia, pormenorizadamente, sua última encarnação. As coisas boas são destiladas e absorvidas pelo espírito, as más eliminadas. Após esse autojulgamento, a alma quase sempre passa por um período de purgação a fim de livrar-se de quaisquer impurezas, pois poucos mortais desencarnam imaculados. Depois da purificação, a alma vai ter a um dos "paraísos", onde se encontra com antigos amigos antes de ser chamada novamente a prosseguir. Em outros casos, quando o mal predominou numa encarnação, a alma tem de expiá-lo num inferno. Nossos sonhos e pesadelos são fronteiras entre este mundo, de um lado, e o paraíso ou o inferno, do outro.

Ao contrário do nascimento, em que a alma prestes a encarnar dispõe de um livre-arbítrio muito limitado, a transição da morte é carregada de patologias. Outro autores escreveram extensamente sobre o assunto[6], de sorte que falarei apenas do papel dos anjos em relação à morte.

---

6. Os leitores talvez se interessem por *Through the Gates of Death* [*Através dos Portais da Morte*, Ed. Pensamento], de Dion Fortune, Londres, Aquarian Press, 1987, e *The Devachnic Plane*, de C. W. Leadbeater, East Sussex, Inglaterra, Society of Metaphysicians, 1986.

Uma das patologias mais comuns do pós-morte é o "apego ao mundo". São almas que não acreditam que morreram (fato corriqueiro, mas passageiro como um choque) ou que, teimosamente, se recusam a deixar o plano terreno. Bem disse Jesus: "Onde estiver o vosso coração, aí estará o vosso tesouro" (Mateus, 6:21). Se a principal preocupação de uma pessoa em vida — com exclusão de tudo o mais — foi a esfera material, é claro que ela vai querer permanecer sempre aí, recusando-se a passar a outra esfera. O filme *Blithe Spirit* e o mais recente *Ghost* ("Do Outro Lado da Vida") tratam da situação de apego a este mundo.

Ninguém deve morrer sozinho, como nos ensinava pelo exemplo madre Teresa de Calcutá. No lado oculto da vida, nem uma alma sequer desencarna sem assistência. Muitas pessoas, na hora suprema, encontram-se com amigos que presenciaram seu nascimento ou com entes amados que já fizeram a transição. Os anjos que assistem os mortos e moribundos são às vezes chamados de "anjos pastores". Estão ligados ao anjo Cassiel de Saturno e servem sob as ordens do grande arcanjo Tzaphkiel.

Nem toda morte é serena. A transição daqueles que viveram vidas perversas, atormentando e maltratando seus semelhantes, é obscurecida pelo medo. Tais pessoas são recebidas por criaturas da sombra, parasitárias e repulsivas a quem, sem saber, estiveram "alimentando" em vida com suas más ações. Esses abutres astrais esperam pacientemente o momento de devorar as psiques desintegradas. Também à espera se acham as antigas vítimas que decidiram não dar "a outra face" ao algoz que as prejudicou em vida. Assim como o livre-arbítrio e a autodeterminação não cessam com a morte, também não cessam o ódio ou a vingança, a redenção ou o amor. Mas mesmo para aqueles que praticaram intencionalmente muitos males acorre um anjo luminoso que os vai guiar, se lhe quiserem aceitar a mão estendida.

Outras culturas pesquisaram sabiamente meios de ajudar as almas que desencarnam: os sacerdotes de Anúbis e Osíris, no Egito antigo, as sacerdotisas de Perséfone, na Grécia e em Roma, etc. Os lamas tibetanos ainda assistem os moribundos e orientam-nos, não apenas no momento da separação do plano físico, mas também depois, guiando-os telepaticamente em sua jornada. A recomendação judaica para "acompanhar os mortos" é uma referência esotérica ao ato de conduzir os recém-desencarnados, em segurança, pelo plano astral inferior até o Espírito que é o "pai", o semeador da personalidade encarnada — na sabedoria hebraica, intitulado esotericamente "o seio de Abraão". Os Círculos de Resgate espíritas e a missa de réquiem católica também ajudam as almas errantes a encontrar os céus de luz, de onde os anjos pastores as levarão para mais longe. Ouvi falar de uma associação livre de padres católicos que, a despeito dos teólogos, rezam uma missa de réquiem todos os meses com o fito de libertar as almas do inferno.

Mortes que ocorrem subitamente, em virtude de violência, acidente ou calamidade natural, acarretam invariavelmente traumas para os recém-falecidos. Sabe-se que, depois de um desastre fatal de avião, os anjos pastores acorrem à cena astral sob a forma mental de médicos e enfermeiras. Confortam as vítimas perturbadas e em estado de choque, refazem o duplo astral do aeroplano e depois transportam os desencarnados ao simulacro de um aeroporto, que na verdade é uma das antecâmaras dos níveis interiores conducentes à morada da paz. Os anjos que lidam com os moribundos raramente se apresentam tais como são, exceto se for o caso de uma alma evoluída. Quase sempre adotam formas confortadoras para os que empreendem a transição. Quando ocorrem grandes calamidades, com inúmeras vítimas — terremotos, bombardeios, etc. —, pessoas encarnadas, dotadas de compaixão e capacidade, deixam seu corpo adormecido ou em transe e se projetam no nível astral até o local da tragédia, onde trabalham sob a supervisão dos anjos pastores. Eis o significado da frase da Escritura que nos conclama a "servir o Santíssimo dia e noite"; esta é uma das maneiras pelas quais anjos e homens podem cooperar no serviço de Deus.

Se você for assistir um moribundo, não leve medo e sofrimento para junto dele, mas tente transmitir-lhe a segurança que provém da certeza da imortalidade. Lembre-se de que essas pessoas não estão partindo para o esquecimento: apenas vão mudar de ambiente. Despem uma roupa para vestir outra num futuro próximo. Aqueles que se aproximam dos portais da morte tendem a tornar-se muito sensíveis no instante final. Pode ser tranqüilizador para eles ter por perto alguém que não tema o invisível.

Envie mentalmente um chamado ao anjo Cassiel e aos anjos pastores. Forme na imaginação o Sinal de Chamada de Cassiel, a Escada de Jacó que atravessa as esferas e por onde os anjos descem e sobem. Em silêncio, projete o convite:

> *Vinde ao encontro de* [nome], *ó anjo do Senhor. Possam os coros angélicos recebê-lo e guiá-lo para a luz eterna.*

> *Em nome do Misericordioso, seja*[nome] *recebido pelos Príncipes da corte celestial. Que Rafael esteja à sua direita, Gabriel à sua esquerda, às suas costas Miguel e à sua frente Uriel. Por sobre a sua cabeça brilhe a chama do Altíssimo, diante da qual fogem as sombras. Amém.*

Peça aos anjos pastores que ajudem na transição e aplainem o caminho, e dê-lhes as boas-vindas quando chegarem para conduzir o morto ao reino da paz. Seja a câmara da morte o umbral do Paraíso, iluminado por um Sol que a Terra jamais contemplou.

Exercício 3

Os Servidores do Altar da Vida

Este ritual destina-se a invocar a "cura a distância". É, em primeiro lugar, um apelo ao arcanjo Rafael e, como tal, pode ser usado mesmo que não se saiba a natureza da doença que afeta a pessoa. Rafael, anjo da cura por excelência e regente da comunicação, levará a intenção ritual ao conhecimento das entidades angélicas competentes para operar a cura. Entretanto, este ritual não deve ser realizado quando o enfermo não solicitou a sua ajuda ou intercessão: é absolutamente necessário que ele o faça. Empreender o trabalho sem permissão do interessado é "violar os marcos antigos", tentar invadir o campo áurico do semelhante. Uma ação dessas, bem-intencionada embora, representa uma infração à Lei Divina que protege a santidade do livre-arbítrio.

Esta cerimônia também pode ser utilizada para sanar uma situação conflitiva se uma das partes envolvidas solicitou a sua ajuda; contudo, você não estipulará resultados nem buscará a cura ou a satisfação para *todos.* Casos há em que a situação se emperra: os envolvidos, presos à tirania de episódios passados, sentem-se incapazes de ir adiante. Muitas vezes preferimos nos ater ao já conhecido do que dar o primeiro passo rumo a um futuro incerto. Em tais circunstâncias, precisamos todos nos lembrar de que "o primeiro passo" representa o próximo movimento na Grande Dança que conduz à evolução — e portanto à plenitude.

Idealmente, esta cerimônia deve ser realizada num domingo ou numa quarta-feira, na metade crescente do ciclo lunar. Mas em casos extremos, poderá ser realizada a qualquer tempo. Para conduzir o ritual, você precisará do seguinte, além do equipamento usual:

- Seis velas amarelas;
- Um lenço (de preferência pertencente à pessoa a quem o ritual é dedicado);
- Uma pequena quantidade de azeite de oliva num prato ou pires;
- Um objeto que servirá de elo de ligação com a pessoa que solicitou a cura. (Se ela já forneceu o lenço, isso bastará; se não, você precisará de um fotografia ou carta que ela haja escrito.)

Disponha o ambiente de modo que o altar fique no centro. Coloque as seis velas amarelas nos suportes, ao redor da lâmpada central sobre o altar, formando com elas as pontas da Estrela de Davi. Este é um símbolo de grande poder e representa o amor incondicional que brota da consciência da unidade primitiva das coisas. Uma vez que esse é o modo normal de consciência de nosso Eu Superior, o símbolo da Estrela da Unidade "fala" intensamente tanto ao Eu Superior da pessoa que realiza o ritual quanto ao daquela em intenção de quem se faz a cerimônia. A energia gerada pelo ritual fica, pois, à disposição do Eu Superior do doente. A energia de cura flui a partir do nível supraconsciente do Eu Superior através dos veículos astral, etérico e físico — que são, concomitantemente, os níveis mental, emocional e subconsciente —, resultando no equilíbrio harmonioso que é a plenitude.

Depois de purificar-se com uma ablução, penetre no espaço

sagrado e acenda a lâmpada sobre o altar, bem como o incenso. Comece estabelecendo um ciclo suave e rítmico de respiração. Deixe que sua mente entre num estado de meditação; aprofunde-o tomando consciência, por breves instantes, da Imanência no centro do seu ser. Reconheça que esse Deus interior é a Fonte de onde irradiam sem cessar toda vida, cura e vitalidade. Renove-se à sombra de Suas asas. Peça permissão para prosseguir com o ritual, aguarde um momento e, se não for dado nenhum sinal de impedimento, dê início ao rito.

Dirija-se sucessivamente aos quatro pontos cardeais e invoque a presença dos *Malakhim*, os anjos do Sol que governam os elementais. Voltando-se para leste, envie esta mensagem:

> *Paralda, servidor do Altíssimo, rei dourado das sílfides do ar, ouve a minha voz. Vem para o leste, para a estação do Sol nascente, e insufla o alento da vida neste lugar sagrado para a cura de* [nome]. (No ar à sua frente, trace um círculo no sentido horário, com um único ponto no centro — o sinal do Logos Solar.)

Voltando-se para o sul, envie esta mensagem:

> *Djinn, servidor do Altíssimo, rei dourado das salamandras de fogo, ouve a minha voz. Vem para o sul, para a estação do Sol no zênite, e inunda com o fogo da vitalidade este lugar sagrado para a cura de* [nome]. (Trace o círculo com o ponto no centro.)

Voltando-se para o oeste, envie esta mensagem:

> *Nixsa, servidor do Altíssimo, rei dourado das ondinas das águas, ouve a minha voz. Vem para o oeste, para a estação do Sol poente, e derrama o orvalho da graça celeste sobre este lugar sagrado para a cura de* [nome]. (Trace o círculo com o ponto no centro.)

Voltando-se para o norte, envie esta mensagem;

Ghob, servidor do Altíssimo, rei dourado dos gnomos da doce Terra, escuta a minha voz. Vem para o norte, para a estação do Sol da meia-noite, e planta as sementes do renovo neste lugar sagrado para a cura de [nome]. (Trace o círculo com o ponto no centro.)

Voltando ao altar, abra os braços e diga;

ó Malakhim, sede bem-vindos aqui! Por meu intermédio, o Um vos saúda. Selah.

Agora apanhe o objeto que liga você à pessoa enferma, apresente-o diante da lâmpada do altar e diga:

Ampara, ó Senhor do Universo, Teu filho[nome] *que está doente e sofre. Se for de Tua vontade, manda Teu Santo Arcanjo Rafael, Tua mão curadora da esfera do esplendor, para curar* [nome].

Coloque o objeto e o lenço sobre o altar, diante da lâmpada e dentro da estrela de seis velas. Acenda um pavio na lâmpada e, começando pela de leste, vá acendendo cada uma das seis velas no sentido horário.

Com a primeira vela, diga *Yod*
Com a segunda vela, diga *Heh*
Com a terceira vela, diga *Vav*
Com a quarta vela, diga *Heh*
Com a quinta vela, diga *Eloah*
Com a sexta vela, diga *Va-Da'ath*

Feche o círculo com as seguintes palavras:

Em nome do Divino Criador, envolvo [nome] *com a estrela do amor eterno.*

Agora tome o azeite e sopre sobre ele seis vezes, dizendo de cada vez "*Rafael*". Observe um fluxo de energia dourada impregnando o azeite a cada sopro. Invocando mentalmente todos os sagrados poderes presentes, unja o lenço com o azeite, utilizando novamente o símbolo do Logos Solar; e ao mesmo tempo visualize o rosto do enfermo sobre o tecido branco. Diga:

Em nome de YAHVEN-Eloah-va-Da'ath e invocando a ajuda do Santo Arcanjo Rafael, bem como dos Malakhim de Deus, unjo-te, [nome], *com óleo, para que recebas saúde no corpo e na alma. Possa o Sagrado Um ungir-te com o óleo da alegria e da paz à tua alma.*

Afaste-se um pouco e observe o fluxo das energias de cura vindas dos Pontos Cardeais e de Cima para o lenço que está dentro da estrela de velas. Às vezes você notará uma sobra de energia penetrando você mesmo; outras, terminará o trabalho sentindo-se exaurido.

Quando pressentir que chegou a hora, dobre o lenço em quatro e coloque-o sob a lâmpada do altar, deixando-o ali até o momento de dá-lo ou devolvê-lo à pessoa para quem foi abençoado (esta deverá mantê-lo junto de si até restabelecer-se). Agora, em sentido anti-horário, volte-se para cada ponto cardeal, começando pelo norte, passando pelo oeste e pelo sul e terminando no leste, dizendo:

Anjo do Sol, Malakh dos espíritos dos elementos, obrigado pelos teus serviços. Vai em paz e sê por mim abençoado em nome do Um.

Acene do íntimo para as diferentes direções, fazendo com que a luz do Um Interior abençoe os filhos de outras esferas.

Feito isso, agradeça com suas próprias palavras ou em silêncio, diante do altar. Deixe que as seis velas se consumam durante mais ou menos meia hora, antes de apagá-las. Reserve-as para outra ocasião semelhante.

Capítulo 4

Pelos Sinais os Conhecereis

Porque aos Seus anjos dará ordem a teu respeito, para te guardarem em todos os teus caminhos.[1]

Neste capítulo, você aprenderá a invocar os anjos-mestres para ajudá-lo segundo as atribuições de cada um deles. O método adotado é o da Petição Angélica, modo de convocar diretamente um anjo — ao contrário da magia da Lua, na qual os anjos só podem ser chamados por intermédio do arcanjo Gabriel. Para familiarizar-se com o método, é preciso conhecer as cores, os dias de regência e os "sinais de chamada" pessoais dos anjos-mestres. Aprenderá também a "Linguagem dos Augúrios", graças à qual os anjos se comunicarão com você.

A Linguagem dos Augúrios

Os anjos costumam comunicar-se por meio da mente subconsciente. Só um número exíguo de pessoas especialmente treinadas

1. Salmos, 91:11.

e dotadas de Graça pode falar com eles face a face. A subconsciência é o aspecto de mentalidade que compartilhamos com *todas* as outras formas de vida: mineral, vegetal e animal. Uma vez que a subconsciência é comum a todos, com todos podemos nos comunicar. A base desse fato assombroso é a vida do Um, que permeia e anima a criação inteira. Entretanto, a comunicação entre as várias formas de vida não se dá necessariamente pela linguagem falada. Imagens, impressões e emoções são as formas mais comuns de comunicação empática.

Ocorre o mesmo com os planos interiores do ser. Embora, para alguns videntes, pareça que a entidade está "falando", na verdade a comunicação acontece por meio da ressonância entre duas mentes que compartilham o mesmo estado de consciência. Talvez isso não lhe pareça tão intrigante se você se lembrar de ocasiões em que "sabia" o que um amigo estava pensando. Apesar de, muito provavelmente, suas palavras mentais não serem as mesmas do seu amigo, o sentimento subjacente ao estado de consciência dele foi captado telepaticamente por você. Como muitas faculdades parapsíquicas, a telepatia é mais comum do que as pessoas supõem. Toda faculdade parapsíquica precisa de influência emocional para ativá-la. A empatia entre dois seres possibilita a comunicação. A aceitação sincera do Divino que existe dentro da outra criatura — seja ela animal, árvore, cristal ou pedra —, aliada a um estado mental sereno e à paciência, facultará à pessoa ouvir a "Canção da Criação" e aprender com ela.

Todavia, à medida que a pessoa for praticando a magia sagrada, ficará cada vez mais sintonizada com o regime vibratório das entidades angélicas e, na maioria dos casos, obterá uma forma de comunicação direta. Neste livro, os exercícios, fórmulas e rituais foram especialmente elaborados para facilitar isso.

Para estabelecer contato com a humanidade, os anjos recorrem à Linguagem dos Augúrios — ou seja, valem-se de animais, pássaros e árvores que lhes são consagrados para nos transmitir suas mensagens. O bom augúrio tem de ser sincrônico e espontâneo, ocorrendo dentro da órbita cronológica de cada anjo. Por exemplo: as laranjas são consagradas ao arcanjo Miguel, e se você as receber de presente dentro de sete dias após invocá-lo, isso será um augúrio. Mas se invocar o arcanjo e correr a pedir a um bom amigo que lhe compre laranjas, isso *não* será um bom augúrio. Suponhamos, porém, que sem o seu conhecimento alguém lhe tenha enviado da Itália um pacote de laranjas semanas *antes* de você invocar Miguel e elas cheguem *depois* da invocação; será isso um autêntico bom augúrio? Sim. Não foi premeditado por você e chegou na hora certa, isto é, no máximo sete dias após invocação. Tentar força ou falsear augúrios não engana ninguém, exceto a você mesmo. O bom augúrio deve ocorrer espontaneamente, inesperadamente. Quando o bom augúrio for verdadeiro, você *saberá*: seu coração "queimará no peito" em resposta ao sinal angélico.

Uma conseqüência dessa forma de comunicação é que acontecimentos considerados triviais por outras pessoas podem ter grande importância aos olhos de quem trabalha com os anjos. Também resulta em atitudes e comportamentos tidos por desconcertantes. Um exemplo poderá ser útil. O anjo Sachiel promove ajuda monetária e financeira. Entre os tradicionais augúrios de sua aquiescência em auxiliar está o encontro de uma moeda estrangeira no troco recebido. Mas a maioria das pessoas, quando encontra essa moeda, não se lembra nunca de "dar graças ao Senhor". Eu, porém, já vi um colega de prática da magia angélica saltitar de alegria ao dar com um moedinha dessas, para assombro dos que estavam perto! Imagine o leitor a dificuldade de explicar o tresloucado comportamento desse praticante!

Para que seja de fato um augúrio dos anjos, o sinal deve constar especificamente da tradição; deve ocorrer dentro da órbita cronológica do anjo; e ser espontâneo, inesperado.

As Escritas Sagradas

As petições endereçadas aos anjos são redigidas em uma de duas escritas, ou às vezes numa combinação de ambas. Elas aparecem no Apêndice I. A primeira chama-se *Escrita Tebana,* nome derivado do Honório de Tebas. Utilizamo-la para os dois talismãs de poder da Lua (Capítulo 2) e para pedidos a vários outros seres angélicos. Para usá-la basta substituir os caracteres romanos do nosso alfabeto por seus correspondentes tebanos.

A segunda escrita sagrada denomina-se *Escrita da Passagem do Rio*. É a mais poderosa das duas. Tradicionalmente, representa uma forma primitiva do hebraico litúrgico, e suas letras são vivas. Seu uso, no entanto, é mais complicado, pois exige algo mais que a simples transliteração, como na Escrita Tebana. Os caracteres da *Escrita da Passagem do Rio* têm valor fonético. Assim, quando a usar, pronuncie foneticamente as palavras, em voz alta. Você verá que ela tem uma letra para o fonema SH e outra para o fonema S, assim como uma para T e outra para TH. Não existe letra correspondente ao som F (use, nesse caso, os caracteres correspondentes a P e H). Dois VV formam o W. Uma mesma letra representa os sons J e Y. Há ainda uma letra que pode ser usada foneticamente para L e silabicamente para EL (no caso da última sílaba dos nomes próprios dos anjos-mestres). Isso pode parecer complicado, mas revela-se bastante simples na prática.

Ao utilizar a *Escrita da Passagem do Rio,* é importante que você *pronuncie* a palavra ao *escrevê-la*, para que o poder da escrita se manifeste plenamente em todos os níveis, pelo som e pela grafia. Todas as petições aos anjos são redigidas no plural: nunca escrevemos "por favor, ajude-me", mas "por favor, ajude-nos".

<table>
<tr><td>PRIMEIRO SIGNO DO ZODÍACO</td><td>SEGUNDO SIGNO DO ZODÍACO</td><td>SÍMBOLO PLANETÁRIO</td><td>SINAL DE CHAMADA DO ANJO</td></tr>
<tr><td colspan="4">Aqui, escreva o nome e o título do anjo

Escreva aqui a sua petição

Escreva aqui o seu nome</td></tr>
</table>

Figura 3. Petições Angélicas.

Todas as petições angélicas são redigidas em quadrados de papel colorido (segundo cada anjo), em tinta de cor complementar. No topo, traça-se uma grelha (ver Figura 3) onde se colocam os símbolos da atribuição especial do anjo e o "sinal de chamada" de cada um. Em seguida, lavra-se a petição na escrita sagrada apropriada. Só velas brancas são queimadas enquanto se escreve: as coloridas reservam-se para a elaboração de talismãs angélicos (ver Capítulo 6). A petição é conservada pelo prazo nela especificado, durante o qual — *se tiver de ser atendida* — os sinais de aquiescência do anjo chegarão até você sob a forma de augúrios. Decorrido o prazo, tenha o pedido sido atendido ou não, a substância física da petição angélica tem de ser incinerada para liberar a energia nela contida.

Se a sua petição não receber sinal de aquiescência, pode ser que a ocasião não seja apropriada. Os anjos, supervisores da criação, conhecem perfeitamente as peças do quebra-cabeça da vida. Em caso de recusa, espere alguns meses e faça novamente a invocação: talvez a hora certa tenha chegado. Você tem de distinguir também entre *querer* uma coisa e *precisar* dela: há aí uma grande diferença. A assistência dos anjos não substituirá aquilo que você mesmo pode fazer. Ela apenas ampliará os esforços do invocante e realizará o que está além da capacidade dele.

Quando uma petição é acolhida pelo anjo, podemos estar seguros de que os resultados virão infalivelmente dentro da órbita cronológica desse anjo (ver Capítulo 1). Abaixo do Um, os anjos são onipotentes. Se o anjo competente aceitou uma petição, o assunto está nas melhores mãos do universo. Os resultados obtidos por sua intercessão às vezes são mais que mágicos: são milagrosos!

Consideraremos agora, um por um, os anjos-mestres, fornecendo a informação de que você precisa para invocar o auxílio deles nos assuntos que governam.

Arcanjo Gabriel

O arcanjo Gabriel governa a Lua e seus poderes. Segundo uma encantadora lenda árabe, no começo da criação o Sol e a Lua tinham a mesma luminosidade, refletindo ambos o revérbero do Trono de Deus. Eram como dois sóis. Por isso, os terráqueos não podiam distinguir o dia da noite, nem sabiam quando trabalhar ou repousar. Então o Um, Alá, se apiedou deles e encarregou o arcanjo Gabriel (*Jibril*, em árabe) de esmaecer o brilho da Lua. Gabriel o fez tocando o orbe lunar com Suas asas. E desde então a luz da Lua, outrora radiosa como a do Sol, tornou-se branda, fria e prateada. As imagens avistadas no seu disco seriam os traços deixados pelo toque das penas das asas de Gabriel.

O arcanjo Gabriel pode ser invocado em noites de Lua Nova e Lua Cheia, e em todas as segundas-feiras. A petição será redigida em papel branco, com tinta azul ou prata. A escrita adotada será a *Tebana* e começará pelas palavras: "Ao Arcanjo Gabriel da Lua", seguidas do pedido: "Por favor, ajude (etc.)" Encerra-se com um "obrigado" e a assinatura. Os iniciados nos Mistérios devem assinar com seu Nome Verdadeiro. Os símbolos a serem desenhados nas petições endereçadas ao arcanjo Gabriel são mostrados na Figura 4. A missiva deverá ser guardada por vinte e oito dias, isto é, um ciclo lunar inteiro. Durante esse período, os sinais de aquiescência de Gabriel se manifestarão.

Os sinais de aquiescência de Gabriel são muitos; por exemplo o presente inesperado de mariscos ou o convite para uma refeição onde mariscos são servidos; um presente de melões, litchis ou peras; a visita a um local onde se depara com uma pereira florida ou dando frutos; o presente de um objeto de prata; o convite-surpresa para um batizado ou cerimônia de rito de passagem por ocasião de um nascimento, etc. Saber que uma criança nasceu ou receber pela primeira vez a visita de uma criança são sinais do consentimento de Gabriel, como o é também um cão estranho que lhe mostra afeição ou uiva persistentemente perto de sua casa. Outros sinais positivos: comprar um novo cachorro, ver um salgueiro-chorão pela primeira vez ou ter a atenção despertada para um deles de repente. Mariposas que entram em sua casa; uma aranha que ali fixa residência ou tece sua teia; um raio de luar incidindo sobre você ou sobre qualquer ponto de sua casa; um presente de flores brancas ou uma flor branca que se abre de súbito em seu jardim — todos esses augúrios indicam que o arcanjo Gabriel aceitou sua petição e vai atender a ela.

Figura 4. Os sinais de Gabriel: símbolo do signo zodiacal de Câncer; o crescente, símbolo da metade ascendente do ciclo lunar; sinal de chamada pessoal de Gabriel: a Coroa Estelar-Lunar.

Anjo Samael

Samael deve ser invocado às terças-feiras. A "carta" endereçada a ele será escrita em papel branco com tinta vermelha, adotando-se apenas a *Escrita da Passagem do Rio*. Enderece-a assim: "Ao Anjo Samael de Marte, o grande anjo protetor", a isso seguindo-se o pedido, o agradecimento e a assinatura. As cartas a Samael são conservadas por sete dias — da terça-feira da invocação até a próxima — e depois incineradas. Durante esses sete dias seus augúrios/sinais aparecerão, caso ele tenha consentido em auxiliá-lo. Os quatro símbolos a serem colocados no alto da petição ao anjo Samael são apresentados na Figura 5.

Os sinais de aquiescência de Samael incluem o presente de facas, espadas ou quaisquer instrumentos cortantes; facas que caem ao chão por algum motivo; o derramamento de pimenta ou de outros temperos; fagulhas expelidas pelas chamas; coisas que pegam fogo. Avistar uma luz vermelha, ser picado por uma vespa ou qualquer outro inseto, bem como o surgimento de manchas vermelhas na pele são indícios do consentimento de Samael. E ainda:

um presente de castanhas, a visão inesperada de uma araucária ou pé de pimenta, um sonho com carneiros e um presente de lã ou ornamento na forma de carneiro. Se você solicitou a cura para uma determinada parte do corpo, Samael poderá sinalizar o assentimento gerando calor no local. Qualquer desses sinais que se manifestar no prazo de sete dias após a petição significará que o anjo está disposto a ajudá-lo.

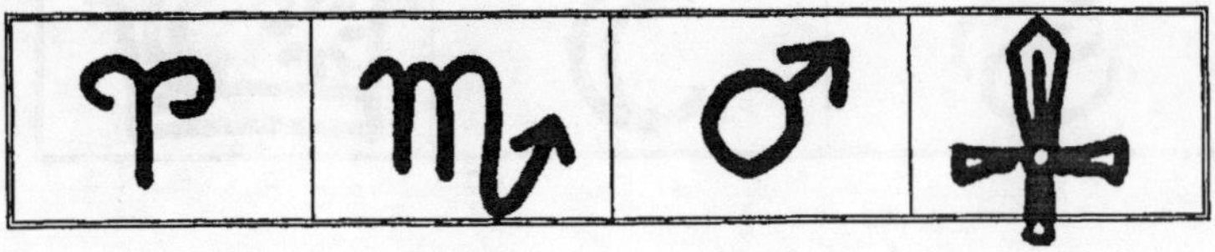

Figura 5. Os sinais de Samael: o hieróglifo de Aries; o signo de Escorpião; o símbolo do planeta Marte; o sinal de chamada pessoal de Samael: a Espada erguida.

Arcanjo Rafael

As cartas de petição a Rafael são escritas às quartas-feiras, com tinta preta em papel amarelo. Além das regências já mencionadas, Rafael pode ser chamado para ajudar a recuperar objetos perdidos, capturar ladrões e proteger de assaltos. As cartas são redigidas em qualquer das duas escritas sagradas. Os símbolos acham-se na Figura 6. Conserve-as por sete dias, espaço de tempo em que os augúrios se manifestam.

Rafael poderá revelar sua aquiescência por meio de um pássaro que entra sua casa ou se aninha perto dela, por exemplo, no jardim. O presente de um passarinho, uma ave palradora que lhe transmita uma mensagem, ganhar flores ou o desabrochar repentino de flores amarelas, o aparecimento de uma samambaia ou de qualquer erva (em especial numa parede, no teto ou entre as lajes do piso, sonhar com macacos ou ouvir histórias a respeito deles, uma revoada de mosquitos e qualquer presente com desenhos de aves, símios ou moscas são indícios da aceitação de Rafael. Avistar um choupo ou uma bétula, ou ouvir um som estranho partindo dessas árvores; receber várias visitas inesperadamente; notar um aumento de volume em sua correspondência; fazer uma viagem súbita; vislumbrar luzes fugidias; receber de presente um espelho ou quebrar um acidentalmente — qualquer desses augúrios, se manifestado em sete dias, é a prova de que o arcanjo Rafael se apressa em atendê-lo.

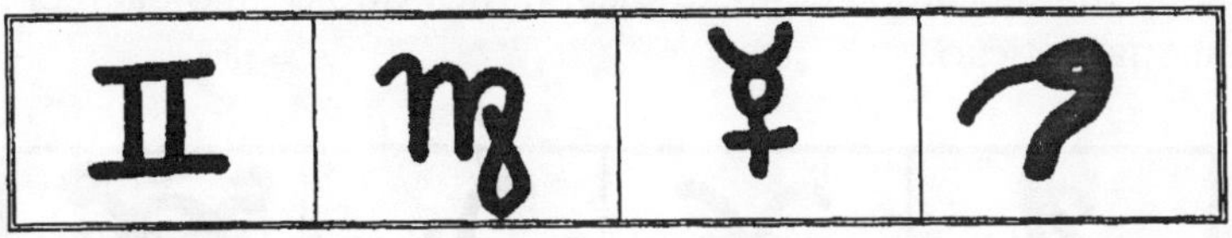

Figura 6. Os sinais de Rafael: o signo de Gêmeos; o glifo de Virgem; o símbolo do planeta Mercúrio; o sinal de chamada pessoal de Rafael: uma cabeça de pássaro.

Anjo Sachiel

Sachiel é invocado às quintas-feiras. Conserva-se a petição por sete dias, no aguardo dos sinais de aquiescência. As cartas a ele endereçadas são redigidas em papel roxo-azulado, com tinta azul, ou branco, com tinta púrpura. Todo o texto deve seguir a *Escrita da Passagem do Rio*. Os símbolos particulares do cabeçalho aparecem na Figura 7.

Sachiel revela seu favor por intermédio de inúmeros sinais. Encontrar uma moeda estrangeira no troco ou achar dinheiro na rua são indícios de melhora financeira. Vislumbrar borrões de luz púrpura ou fagulhas dançando no ar; fazer uma viagem súbita por mar; ter notícias inesperadas sobre marinheiros ou pescadores; receber um presente do mar ou com desenhos de peixes, elefantes e baleias, ou avistar de repente essas criaturas, tudo isso indica o consentimento de Sachiel. Receber flores ou uvas vermelhas; avistar um carvalho pela primeira vez; encontrar ou ganhar de presente bolotas ou folhas de carvalho; sonhar com navios; receber dinheiro de presente ou aumento de salário; ver pessoalmente um membro da família real (qualquer família real), especialmente o soberano, constituem igualmente sinais favoráveis. Você terá um bom augúrio quando uma abelha entrar em sua casa e se puser a esvoaçar sobre a sua cabeça, pois as abelhas confeccionam o mel, esse "ouro da natureza". E ver uma abelha-rainha, sozinha ou no enxame, é o mais afortunado dos indícios. Qualquer desses augúrios, se manifestados em sete dias, indica que o anjo Sachiel acolheu sua petição.

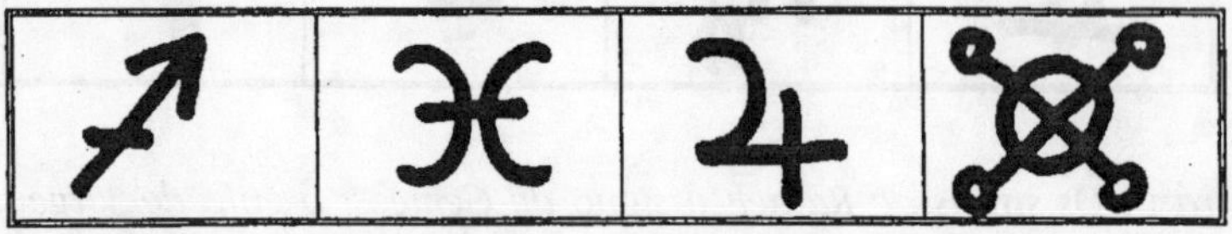

Figura 7. Os sinais de Sachiel: a flecha de Sagitário; o símbolo de Peixes; o glifo do planeta Júpiter; o sinal de chamada pessoal de Sachiel: o "Quinhão da Fortuna".

Arcanjo Haniel

Haniel, o grande anjo do amor e da afeição, pode ser invocado às sextas-feiras. Suas cartas são conservadas por vinte e oito dias e incineradas na quarta sexta-feira após a invocação. A petição deve ser redigida na *Escrita da Passagem do Rio*, exceto seu nome no fecho, que seguirá a *Escrita Tebana*. As petições endereçadas a Haniel serão em papel azul ou rosa, com tinta azul ou vermelha. Os símbolos de poder a serem apostos no cabeçalho aparecem na Figura 8, página 107.

Os sinais de aquiescência são: um presente de maçãs; avistar macieiras de repente ou colher maçãs caídas; ouvir o arrulho de pombos e ver ou ganhar um periquito australiano. Outros sinais favoráveis: pombos ou chapins azuis que entram na casa ou no jardim; um presente de rosas, damas-entre-verdes ou delfínios e um presente de roupa cor-de-rosa ou azul. Se a sua petição se referir ao amor entre você e outra pessoa, receber ou achar um anel qualquer — mesmo um anel de cortina — é sinal de assentimento. Qualquer desses augúrios, se manifestado no curso de vinte e oito dias, demonstra que o arcanjo Haniel está firmemente disposto a ajudar.

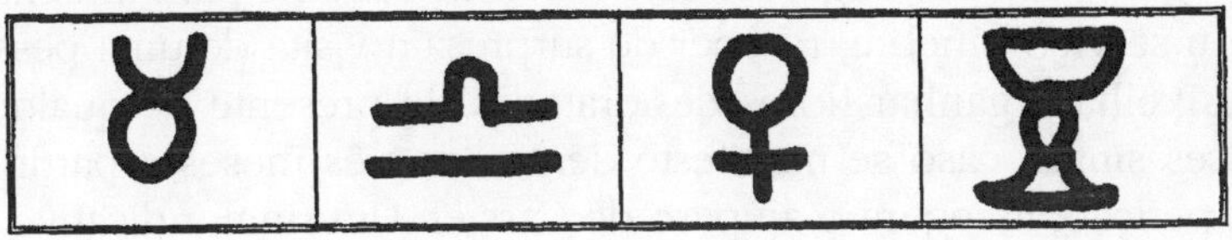

Figura 8. Os sinais de Haniel: o símbolo de Touro; o signo de Libra; o glifo do planeta Vênus; o sinal de chamada pessoal de Haniel: o Cálice, a Taça da Felicidade.

Anjo Cassiel

O anjo Cassiel é invocado aos sábados. As petições a ele dirigidas são escritas em papel branco com tinta preta ou a lápis. Utiliza-se a *Escrita da Passagem do Rio.* Cassiel trabalha devagar, mas com segurança, de modo que as cartas devem ser conservadas por *três* meses inteiros. Nesse período, Cassiel enviará seus augúrios se se dispuser a atender à solicitação. Os três símbolos que devem encabeçar a petição ao anjo de Saturno são mostrados na Figura 9.

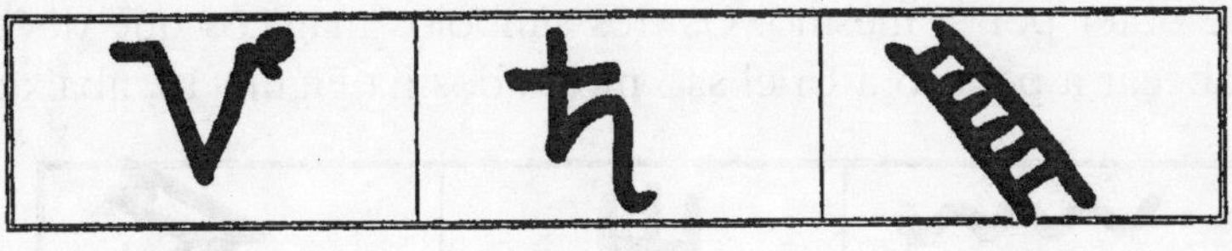

Figura 9. Os sinais de Cassiel: o signo astrológico de Capricórnio; o símbolo planetário de Saturno; o sinal de chamada pessoal de Cassiel: a Escada de Jacó.

Cassiel revela seu favor em presentes inesperados de ramos de árvores perenes (as árvores da paz) ou em ver uma tartaruga ou um papagaio (preste bem atenção no que ele está dizendo!). Deparar com um verme em seu caminho; avistar objetos de chumbo; ganhar carvão de presente ou achá-lo por acaso; morder sem querer alguma coisa amarga; ser convidado de repente para um enterro ou serviço fúnebre; receber de surpresa a visita de uma pessoa mais velha e ganhar flores desidratadas de presente — qualquer desses sinais, caso se manifeste dentro de três meses a partir de sua petição, assegura o amparo de Cassiel. Um sinal indicativo de que ele logo acorrerá é a queda súbita de fuligem da chaminé. Se receber esse augúrio, diga: *"Possa o anjo Cassiel abençoar-me por esse sinal que me envia."* Se precisar de ajuda urgente na esfera de competência de Cassiel, invoque-o por intermédio de Rafael ou Gabriel, durante a Lua Nova.

Arcanjo Uriel

Esse poderoso arcanjo tem no sábado, junto com Cassiel, seu dia de invocação. As cartas a Uriel são escritas em papel branco com tinta verde. Recorre-se à *Escrita da Passagem do Rio* inclusive para o endereço, o texto da petição e o nome. Todas as petições a esse arcanjo devem conter a seguinte invocação: "A Uriel, Anjo do Trono de Deus e Força Mágica." A carta é conservada por catorze dias e depois incinerada. Se Uriel aceder em dispensar sua poderosa ajuda, os sinais de aquiescência surgirão durante os catorze dias de existência física da carta. Nunca peça a Uriel o que você pode obter por si mesmo. Os três símbolos mágicos que devem encabeçar a petição a Uriel são mostrados na Figura 10, abaixo.

Figura 10. Os sinais de Uriel: o signo zodiacal de Aquário; o signo do planeta Urano; o sinal de chamada pessoal de Uriel: o Raio.

A Terra é um planeta essencialmente magnético e uma das formas pelas quais recebe energia (de natureza elétrica) são os raios. Como dissemos, Uriel se manifesta com freqüência durante as tempestades. A eletricidade e os aparelhos elétricos são afetados pela presença de Uriel. Seu sinal de chamada pessoal, o raio, alude à força potencialmente devastadora de que Uriel é a lente. Indica também a velocidade com que ele, tradicionalmente, atende às invocações. A ajuda de Uriel pode ser pedida em todos os casos de doenças do sistema nervoso (que opera por impulsos elétricos).

Os augúrios favoráveis de Uriel incluem ornamentos ou pinturas que mostrem unicórnios, vistos por acaso ou ganhos de presente. Ver uma poça de óleo brilhante ou um arco-íris que invade a casa graças à refração da luz; avistar um lagarto ou camaleão; receber de presente bananas, mangas ou flores multicoloridas; ganhar hortênsias ou ver mudar de cor uma dessas plantas que você já possua; avistar uma libélula ou receber de presente um objeto ornamentado com a figura desse inseto — são todos sinais de aquiescência. O mais belo indício da ajuda iminente de Uriel é um arco-íris no céu. Mas todos eles, se manifestados no prazo de catorze dias, garantem a sua intercessão.

Arcanjo Miguel

Domingo é o dia consagrado ao arcanjo Miguel e é nesse dia que invocamos a sua ajuda nos assuntos que ele governa (ver Capítulo 1). As cartas dirigidas a Miguel serão escritas em papel branco com tinta alaranjada ou dourada. O endereço ("Ao Arcanjo Miguel") é redigido na *Escrita da Passagem do Rio,* bem como o nome assinado, mas a petição em si adota a *Escrita Tebana*. As petições são conservadas até o domingo seguinte ao da invocação, prazo em que aparecem os sinais de aquiescência de Miguel. Os três símbolos do cabeçalho aparecem na Figura 11.

Miguel costuma demonstrar seu favor por presentes de laranjas, cravos, girassóis, romãs ou qualquer objeto ornamentado com uma coroa. Banhar-se subitamente num raio de sol; um gato estranho que entra em sua casa ou jardim e "adota" você (dê-lhe comida, pois é um mensageiro do arcanjo); receber um objeto ornamentado com a figura de um leão; sua gata de estimação que dá cria; ouvir um instrumento sendo dedilhado nas proximidades de sua casa ou sons que partem do piano, caso tenha um — são todos sinais positivos. Ser convidado para uma cerimônia de casamento ou bodas de ouro, ou (embora as carruagens não sejam um meio de transporte do século XX) receber de repente um convite para passear num veículo de rodas (que simboliza o *Grammadion*, a carruagem do Sol), são augúrios favoráveis. Avistar uma borboleta ou uma típula dentro de casa ou no jardim; visitar um local onde haja um loureiro ou ouvir essa árvore farfalhar de modo curioso — qualquer desses sinais, se manifestado no prazo de sete dias, demonstra o consentimento do arcanjo Miguel.

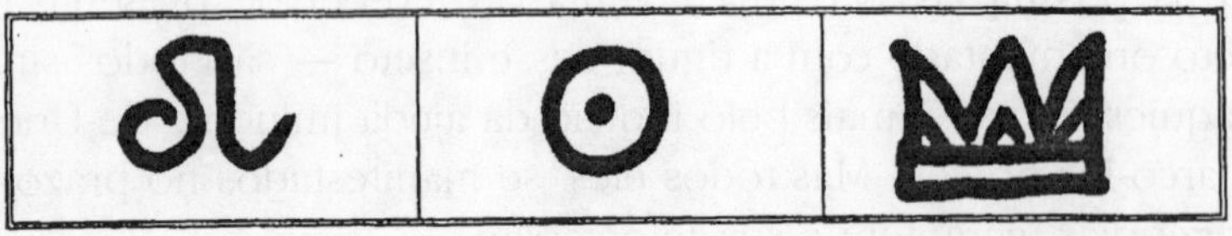

Figura 11. Os sinais de Miguel: o hieróglifo de Leão; o Círculo e Ponto do Logos Solar; o sinal de chamada pessoal de Miguel: A Coroa de Ouro da Realeza.

Às vezes, no aguardo de sinais do anjo cuja ajuda invocou, você depara com algo que parece um augúrio, mas não está mencionado nas listas fornecidas. Pode mesmo ser um acontecimento espetacular. Lembro-me de que, em certa ocasião, recebi diversas gravuras do arcanjo Miguel. Mas isso *não* é um sinal de aquiescência do anjo. Revela apenas que a petição foi recebida e estudada, mas ainda não aceita. Os únicos augúrios positivos em que pode confiar são aqueles que mencionamos. De outro modo você corre sempre o risco de "forçar a realização", com sua mente subconsciente forjando "sinais" que só levam a amargas decepções.

No entanto, se você recorreu a um anjo e recebeu um ou mais sinais de aquiescência (e Rafael é famoso pela multiplicidade de augúrios), pode estar certo de que seu problema está sendo resolvido por um ser de poder irresistível e tudo correrá bem — pois Deus enviou Seu anjo para ampará-lo.

Exercício 4

A Invocação dos Seres Brilhantes

Esta cerimônia sagrada pode ser realizada como um ritual de ação de graças ou de intercessão para algo de grande importância. Prepare um local onde trabalhar sem interrupções, com tranqüilidade de corpo e espírito. Assegure-se de que o local esteja limpo e harmonioso. Ornamente-o com flores frescas para representar a beleza da Terra. Queime um incenso agradável (o de igreja é ideal) para criar uma atmosfera propícia aos poderes sagrados.

No centro do espaço erga um altar, que pode ser uma mesa simples ou qualquer móvel de tampo sobre o qual você possa trabalhar livremente. Cubra o altar com uma toalha branca e limpa. Coloque sobre ele uma lâmpada (uma vela em bulbo de vidro transparente) para simbolizar a Imanência, a Luz do Um entronizada no coração de todas as criaturas humanas, sete velas brancas (uma para cada membro dos Elohim, os "Sete Espíritos que estão diante do Trono"), um pavio para acender as velas e uma taça ou copo contendo vinho tinto ou suco de uva. Nos trabalhos avançados dessa cerimônia, as sete velas são individualmente coloridas para formar o Arco-íris da Paz.

Quando tudo estiver preparado, tome um banho lustral; ponha um pouco de sal na água e mergulhe nela com a intenção de purificar o coração, a mente e o corpo. Vista um manto ou roupas limpas. Pingue algumas gotas de seu perfume favorito na palma das mãos e sola dos pés, pois você vai tocar coisas sagradas e caminhar em solo sagrado.

Entre no espaço preparado e medite em silêncio, concentrando-se para o ritual. Acenda a lâmpada do altar e, observando o brilho da chama, conscientize-se de que ela é uma manifestação exterior da Luz que fulge no âmago de seu ser. Aprofunde esse pensamento calmamente, tentando firmar a convicção de que sua identidade mais íntima *é* o Um-no-Todo. A partir desse núcleo interior de conhecimento, dê seqüência à cerimônia.

Segure a lâmpada sobre a cabeça com ambas as mãos e diga:

Eis que a Luz brilhou nas Trevas e as Trevas não a puderam sufocar. Fiat Lux.

Ajoelhe-se e pouse reverentemente a lâmpada no chão, dizendo:

Ao Um pertence a Terra e a sua plenitude.

Levante-se e, mantendo a lâmpada à sua frente, caminhe rumo ao leste. Com a lâmpada, trace um círculo e cante em qualquer melodia que lhe ocorrer: *"RA-FA-ALE"*. Agora, dirija-se diretamente para oeste, faça um crescente com a lâmpada (os dois cornos para cima) e cante: *"GAH-VRE-ALE"*. Volte ao altar, no centro. Encaminhe-se então para o sul, trace com a lâmpada um triângulo eqüilátero com o vértice para cima e cante: *"MI-KA-ALE"*. Vá para o norte, trace um quadrado e entoe: *"UR-EE-ALE"*. Retorne novamente para junto do altar. Apanhe o vaso de incenso em combustão e faça três vezes o giro do espaço sagrado, em sentido horário, dizendo:

Que este incenso suba até Vós, ó Altíssimo e Profundíssimo, qual sacrifício oloroso. Mandai Vossos santos anjos para nos envolver e soprai sobre nós o espírito de Vossa bênção.

Você acabou de selar as sete direções: Em cima, Embaixo, Leste, Oeste, Sul, Norte e Dentro com a luz do Santíssimo. Nada que não seja da Luz poderá adentrar esse espaço, ou sem sua expressa autorização.

Encoste o pavio na chama da lâmpada e acenda as sete velas, dizendo ao mesmo tempo:

Acendo as sete lâmpadas diante do Trono — glória dos Elohim — para que absorvam a Luz Suprema, iluminem meu ser e apontem o caminho da paz que devo palmilhar.
Selah.

Por alguns instantes, concentre suas energias num raio dirigido de intenção pura e em seguida profira a *Prece de Invocação*:

Ó Supremo Mistério, Fonte de todo o ser: ouvi o meu chamado. Mandai Vossos formosos anjos, os santos anjos de Vossa Luz, para que preencham os espaços vazios do meu coração com o Vosso orvalho, ó Fonte da Vida!

Agora chamo as Vossas hostes brilhantes para que me acompanhem neste lugar sagrado.

Antes do nascimento do tempo, fostes feitos de fogo eterno, imortais e resplandecentes, fulgurantes como estrelas e terríveis como o raio, ternos como um beijo de mãe e assustadores na onipotência do Nome.

Anjos da luz inefável, espíritos puros da beleza: Veni ad me (Vinde a mim).

Arcanjos da Presença, regentes da criação: Veni ad me.

Tronos do Eterno, altares da Shekinah: Veni ad me.

Misericordiosas Dominações, governantes de tudo: Veni ad me.

Grandes Principados, guardiães das nações: Veni ad me.

Poderes do Criador, atributos do Imanente: Veni ad me.

Temíveis Serafins, guerreiros alados da Lua: Veni ad me.

Reais Malakhim, monarcas luminosos dos Elementais: Veni ad me.

Formidáveis Querubins, construtores do universo: Veni ad me.

Faiscantes Ashim, rede da vida orvalhada de graça: Veni ad me.

Juntos, vivendo pelo Um; juntos, amando através do Um; juntos, dizemos ao Um: santo sois Vós, ó Piedosíssimo, e todos os mundos estão repletos de Vossa glória. Sois a maravilha que vemos por toda parte, a canção que cantam nossos espíritos. Ergo minhas palavras até Vós e descanso meu coração no Vosso. Peço [afirme aqui seu pedido] *ou dou graças* [agradeça a bênção especial recebida]. *Colocai-me em Vossas mãos, escutai minha voz e ajudai-me.*

Agora você está entre os poderes celestes, no centro do mundo. Abra-se para eles e deixe que a força mágica emanada das entidades angélicas flua através do seu ser, permeando a sua vida. Não se alvoroce, apenas *fique* com elas; deixe que as asas delas o curem, que os pensamentos delas o toquem, que o amor delas o envolva.

Erga o copo de vinho e diga:

Fonte do Tetragrama, vertei no cálice da minha alma a graça de Vosso graal.

Com este símbolo de comunicação entre eu, Seu filho, e o Coração de Toda Luz, recorro aos meus luminosos companheiros, os anjos brilhantes. À sombra de Vossas asas possa eu caminhar em paz e beleza. Amém, Selah, Amém.

Beba um gole de vinho sabendo que, por ele, a Divina influência penetra alquimicamente no seu corpo. Essa taça é também um símbolo de amor entre você e as hostes angélicas. Deixe um pouco de vinho como oferenda aos poderes. Agora, apague as sete velas sobre o altar, dizendo:

Ó gloriosas hostes do céu, volvei aos reinos dos dias sem fim; e pela divina fagulha do Eterno, que habita em mim para todo o sempre, sede abençoados. Ite missa est.

Olhando para o norte, diga:

Haja paz no norte e seja Uriel abençoado.

Olhando para o sul, diga:

Haja paz no sul e seja Miguel abençoado.

Olhando para o oeste, diga:

Haja paz no oeste e seja Gabriel abençoado.

Olhando para o leste, diga:

Haja paz no leste e seja Rafael abençoado.

Erga a lâmpada à altura do coração e diga:

Em cima, Embaixo e Dentro brilha a glória do Um.
Adonai-Shalom.

O espaço sagrado volta agora à sua realidade comum, mas foi abençoado pelos passos das Hostes do Céu. Após o ritual, despeje o resto do vinho sobre a boa terra, como dom a ser partilhado por todas as formas de vida. Para essa libação, o mantra sagrado "Paz a todos os seres" é adequado.

Capítulo 5

Os Devas

Deus colocou Adão no Éden para cultivar rosas.[1]

Cerca de quinze bilhões de anos atrás, o universo físico "veio à existência" com a Grande Explosão, o "Fiat" criativo do Logos (um "som", uma vibração que ainda pode ser ouvida e medida no espaço profundo). A matéria foi explodida para criar centenas de bilhões de galáxias. Algumas dessas galáxias ainda estão viajando longe do centro cósmico a uma velocidade maior que a da luz e por isso não são suscetíveis de medição visual. Desse começo — a aurora de um novo "Dia de Brahma", quando as estrelas da manhã cantam juntas e todos os filhos de Deus gritam de alegria — teve início toda a criação física. Por isso todas as coisas sensíveis e não-sensíveis estão relacionadas e compartilham uma fonte comum.

Vivemos num belo planeta que é a nossa ilha-lar em meio às estrelas. Ele é o viveiro dado a nós pelo universo, onde podemos evoluir para a nossa natureza divina única. Nosso planeta é um ser vivo, uma entidade consciente, com suas experiências, seus so-

1. Aforismo cabalista.

nhos e seu destino único. É uma entidade em evolução, que se torna cada vez mais unificada com o Todo. À medida que o ser humano vai evoluindo, as relações pessoais tornam-se mais complexas, mais sutis, cobrindo mais de um nível. Essas relações podem ser físicas, emocionais, mentais e espirituais. Assim também o planeta, à medida que evolui, entra em relações mais profundas com os planetas aos quais se liga, com o seu Logos Solar (o ser espiritual que guia esse sistema) e com outros sóis e estrelas desta e de outras galáxias. Nosso planeta gira ao redor do Sol; o Sol, por sua vez, orbita em torno do centro estelar desta galáxia (em algum lugar próximo à constelação de Virgem); e a nossa galáxia gira à volta de algo maior do que ela. Assim, em tempo algum o nosso sistema solar está transitando pelo mesmo espaço físico por que passou antes. A cada volta em espiral dessa grandiosa dança, as relações entre os vários corpos celestes se alteram, a influência de alguns deles torna-se maior e a de outros declina. Essas energias são de proporção cósmica, entretendo-se numa grande rede de força vibratória, uma teia viva de luzes que se comunicam entre si, cujas vibrações coletivas formam a Música das Esferas.

Algumas culturas imaginaram a Terra como "mãe" — Gaia, Deméter, Mãe-Tartaruga. Outras porém viram a Terra qual um pai, como no Egito antigo, onde a terra era o deus masculino Geb (o consorte de Nuit, a deusa-Estrela). Talvez, especialmente nesta época, a idéia de uma Mãe Terra nos fale mais profundamente; mas isso não significa que as outras imagens sejam errôneas. As imagens são postes sinalizadores; a realidade para a qual apontam é a de que a Terra é um ser vivo, uma entidade planetária na qual, como encarnações físicas do espírito, vivemos, nos movemos e temos o nosso ser.

A Terra tem uma inteligência orientadora que tem para o planeta a mesma função que o Eu Superior tem para o ser humano encarnado. Esse guardião planetário é o Arcanjo Sandalfon, conhecido na tradição cabalista como o Príncipe da Prece. Sandalfon possui o molde do destino da Terra, em toda a sua perfeição. Todo ser vivo sobre a Terra está ligado num nível profundo ao Arcanjo Sandalfon. Esse grande arcanjo pode ser invocado para ajudá-lo na sua caminhada pela Terra, para auxiliá-lo a encontrar a sua razão de estar encarnado na Terra nesta época ou para ajudá-lo a evoluir em direção àquele destino que aponta para o bem maior. Pode-se também invocar Sandalfon para ajudar qualquer ser vivo que esteja passando por dor ou sofrimento: um animal ferido, uma planta ou paisagem danificada.

Assistir aos noticiários da televisão pode ser angustiante enquanto você não compreender que, pelo fato mesmo de sua atenção estar concentrada numa determinada notícia (uma pessoa, lugar ou situação), você está apto a servir de vínculo entre os que sofrem e as hostes angélicas. É possível invocar a assistência dos anjos para aqueles que estão à sua frente na tela da televisão: os anjos seguirão o feixe luminoso de sua atenção que se dirige àquela pessoa ou lugar. Os anjos com que você trabalhou estão, doravante, ligados a você de um modo especial. Você pode invocar facilmente a ajuda deles e confiar outras pessoas e situações ao seu ministério. Mas lembre-se sempre de anteceder o seu pedido com a fórmula "Se for da Vontade Divina"; então você não estará opondo a sua vontade às obras da Providência e, por conseguinte, semeando karma adverso a ser resgatado mais tarde.

Os Anjos da Natureza

Servindo ao planeta Terra, existem hostes de anjos que supervisionam a manutenção do planeta, que transmitem e retransmitem a energia numa cadeia complexa de distribuição através de todas as formas vivas. Esses anjos da natureza são chamados *Devas*, termo sânscrito que significa "seres resplandecentes". Esses anjos mantêm a rede de Vida interdependente tal como ela existe atualmente aqui.

Os devas, anjos da natureza, são governados pelo Arcanjo Haniel. *Haniel* significa "graça de Deus" e/ou "Face de Deus". Na sabedoria da cabala, Haniel representa aquela atividade Divina mercê da qual o Um torna-se Muitos, em virtude da qual a unidade primeva Se reveste de um número infinito de seres aparentemente separados. Assim, de um modo muito real, Haniel revela a visão, a percepção de Deus tornado manifesto na natureza. A função celestial de Haniel consta da Bênção de Aarão, que invoca: "Que o Senhor faça brilhar sobre ti a Sua *face* e seja *misericordioso* para contigo." O Arcanjo Haniel preside ao Raio Verde, que é a via de evolução para o místico inspirado pela natureza, o xamã, o cristão céltico, o druida e o Wiccan. Para realizar a sacralidade inerente da natureza e de todas as coisas vivas, esses místicos dedicam-se à busca da visão, jejuando no deserto, sozinhos, dias a fio. "Se tiveres a coragem de caminhar comigo à noite através da floresta, eu te mostrarei a face de Deus."[2]

Os devas são dirigidos pelo Arcanjo Haniel, que animam a natureza com o seu *numen*, com o seu sentido do divino. Nossa percepção da beleza inerente na natureza — contemplar uma majestosa cadeia de montanhas ou uma aurora dourada sobre o mar, observar cada um dos flocos de neve sobre uma vidraça ou um gamo de pé numa clareira da floresta, intuir o maravilhoso que nos toca nesses momentos — é a resposta da nossa psique aos devas e ao seu trabalho.

Os Elementais, as Fadas e os Elfos

Os devas supervisionam as atividades dos elementais, aquelas unidades de consciência responsáveis pela força vital que flui através de toda vida física. A tradição ocidental dá a esses seres nomes que são tirados da história européia e classifica-os de acordo com os quatro elementos dos sábios: *silfos*, que são os espíritos do ar; *salamandras*, os habitantes do fogo; *ondinas*, os espíritos da água; e *gnomos*, os elementos da terra. Em virtude dessa classificação quádrupla, esses espíritos da natureza geralmente são chamados de "elementais".

2. Peter Valentine Timlett, *The Twilight of the Serpent* (Londres, Corgi Books, 1977), p. 160.

Na verdade, os elementais *não* vivem no ar, no fogo, na água ou na terra físicos. Não são seres físicos, encarnados. Os elementais existem na superfície de contato entre a matéria física e o plano astral puro. Essa superfície de contato é o nível etérico. Daí os quatro elementos referidos serem chamados "dos sábios' (por exemplo, ar dos sábios), para distingui-los dos elementos de que fala a ciência moderna. Os elementais mantêm com os anjos a mesma relação que o gado com os homens. Isso não significa que os anjos tratam os elementais da mesma forma que os homens tratam o gado, mas que o desenvolvimento evolucional relativo é análogo entre os dois exemplos. Um elemental pode, contudo, evoluir e transformar-se num ser angélico, pois os elementais são na verdade uma das formas de vida mais simples do reino angélico.

As fadas são espíritos da natureza que se ocupam sobretudo do reino vegetal. Elas reverenciam o Arcanjo Haniel como o representante do Altíssimo, como o seu rei, Oberon. Cada planta tem uma fada a ela vinculada que canaliza a energia solar, o *prana* ou *chi*, para a planta sob seus cuidados. Muitas vezes elas aparecem como vórtices de luz verde giratória. Uma planta enferma pode ser ajudada direcionando-se energia para a sua fada assistente. É interessante o modo como o conhecimento subconsciente da obra das fadas emerge na arte e nos desenhos animados, como na *Fantasia* de Walt Disney, que mostra as fadas cuidando das flores e adejando de uma para outra.

Os elfos são mais complexos do que os elementais. São feitos de dois ou três elementos. Também eles residem na superfície etérica de contato, exatamente entre a fisicalidade plena e o nível de existência astral. Os elfos, os Sidhe, tendem a viver em certos locais, em áreas de grande beleza natural e poder. Ao contrário dos elementais e das fadas, os elfos não podem habitar nas cidades modernas e nos lugares de alta industrialização. Nem todos os elfos são benignos. Existem elfos escuros que não gostam dos seres humanos. De fato, mesmo os elfos benfazejos tendem a ser arredios. E, não obstante, todos os elfos são criaturas de grande beleza — "que formosos são eles, com seu ar senhoril, debaixo das ocas colinas!" —, e sua beleza e fascínio podem facilmente desencaminhar os incautos.

Os elementais, as fadas e os elfos são desprovidos de alma. Têm vida longa, talvez mesmo desde que este planeta existe; mas, depois de terem vivido sua vida, se dissolvem na matéria primordial universal. Eles não têm nenhuma existência que ressoe nos mundos superiores da alma ou do espírito. Daí o seu desejo de ganhar uma alma mais que qualquer outra coisa. Isso pode fazer com que lidar com eles seja perigoso; de fato, essa tarefa deve ser deixada de preferência aos que foram formados por um mestre experiente. Esse fato fornece a base para as histórias de seres humanos fascinados por esses seres e por eles arrebatados — por exemplo, dizemos daqueles que perderam a percepção da realidade física que "vivem no mundo das fadas". Em tempos idos, havia acasalamentos ocasionais entre fadas e seres humanos. Os malfadados rebentos dessas uniões eram chamados "Filhos da Aurora", numa alusão ao fato de que as fadas estão aqui desde a primavera da Terra, muito antes do advento da humanidade encarnada. Hoje essas ocorrências são raras, mas não de todo desconhecidas. Esses habitantes invisíveis da natureza são destituídos de moralidade. Não são maus, mas são amorais, como uma jovem criatura humana que, quando quer alguma coisa, fará de tudo para consegui-la. O mais sábio, ao tratar com os elementais, com as fadas ou mesmo com os elfos, é sempre operar através dos anjos da guarda.

O Trabalho dos Devas

A vida essencial deste planeta tem sua origem no seu coração solar, naquelas forças titânicas que existem no centro em fusão do globo. Nosso planeta originou-se do Sol e contém essa força solar no seu âmago. Toda a vida, tal como a conhecemos, é sustentada pela força única que emana do coração do planeta. Nos ensinamentos esotéricos, o centro do planeta é denominado "laboratório do Espírito Santo". Dele a energia vivificante se irradia através de todo o globo por meio de canais, ou sendas, especiais. Esses meridianos foram discutidos no Capítulo 2 como condutos da energia etérica. Mas tais condutos servem também como canais para a energia terrestre-solar que emana do centro planetário.

Os devas regem locais específicos da superfície do planeta, assegurando o suave fluxo dessas energias através das localidades que estão sob seus cuidados. Eles recebem e distribuem a energia que entra, acrescentam a contribuição especial de suas próprias vibrações e fazem o fluxo de energia passar através da rede. Os devas presidem às montanhas e às colinas, aos rios, lagos e mares, às florestas, planícies e campos. De fato, cada lugar tem um deva específico. O conhecimento interior disso dá origem ao mais antigo impulso religioso da humanidade, que é o de venerar "deuses" específicos das montanhas, das árvores, dos rios, etc.

O deva de uma montanha abarca a montanha inteira no interior de seu campo de força, na sua aura; cada seixo, cada cascalho, cada arbusto, cada árvore sobre a montanha são permeados pela consciência do anjo. Cada animal, cada pássaro que reside habitualmente na montanha também é conhecido pelo deva da montanha — e sensível a ele. Cada elemental da terra, cada gnomo, que constitui a matriz etérica da montanha, é protegido pelo deva. A sutil relação da montanha como um todo com o seu ambiente, com a massa de terra de que é parte — o efeito da montanha sobre as trajetórias do vento e a precipitação da chuva, sua erosão, a alimentação dos vales pela ação dos rios, seu efeito mental e emocional sobre outras formas de vida —, tudo isso é parte do papel desempenhado pelo deva que a ela preside.

Visto com os olhos da alma, observado com clarividência, o deva da montanha é uma visão majestosa[3]. Seu "corpo" principia na plataforma continental de que a montanha emerge e alteia-se centenas de metros acima do pico mais elevado da montanha física. Mercê dos vórtices que irradiam de seu corpo, o deva tira energia do centro planetário para cascatear qual fonte viva através da montanha, permeando cada átomo de sua estrutura. A imensa

---

3. Ver *Kingdom of the Gods* de Geoffrey Hodson, Adyar, Índia, Theosophical Publishing House, 1955, para descrições dos devas retratados pela vidência de Mr. Hodson. [*O Reino dos Deuses*, publicado pela Editora Pensamento, São Paulo, 1982.]

aura do deva abrange a montanha, projetando-se às vezes como asas quando a energia se dirige para fora e outras vezes voltando-se sobre si mesma qual torre revestida de cor e luz quando a energia é recebida através do deva. A cabeça do deva semelha por vezes uma coroa de raios dourados, fluindo e vibrando, evocando um vasto e radiante cocar de um índio americano. As cores do veículo e da aura do deva variam segundo as energias que estão sendo focalizadas em cada fase, que pode ser solar, lunar ou sazonal (um deva da montanha coberta de árvores ou um deva da floresta é uma visão maravilhosa na Primavera). Se você já esteve numa aldeia ou cidadezinha no sopé de uma grande montanha, terá decerto percebido como é fácil sintonizar-se com a "presença" da montanha, cuja qualidade ampla e cismarenta a tudo domina em sua esfera de ação. Essa presença é o toque espiritual de um deva das montanhas de Deus.

Findhorn é uma comunidade esotérica do noroeste da Escócia fundado por Eileen Caddy, que lida muito com os devas. Ao se abrirem — numa aspiração de serviço ao Ser Único — para as influências angélicas da natureza, os habitantes de Findhorn são capazes de receber comunicações, ensinamentos e conselhos dos devas. O solo da terra de Findhorn não era apropriado para o cultivo de plantas e alimentos. Graças à comunicação deliberadamente aberta dos seres humanos com os devas, a influência destes recebeu um canal, um conduto, através do qual os poderes angélicos puderam passar. As energias combinadas das consciências humana e angélica estimularam alterações moleculares na composição do solo, e hoje Findhorn cultiva o seu próprio alimento. Esse modo de cooperar com os devas era conhecido dos antigos, e dele provieram os vários ritos religiosos de abençoar os campos e as colheitas.

Um amigo meu, que trabalhou em Findhorn nos primeiros tempos dessa instituição, contou-me que uma das instruções que os devas deram aos seus colegas de trabalho humanos consistiu em deixar inculta certa extensão de terra de suas hortas. Essa área não-cultivada proporcionava aos devas uma "cabeça-de-ponte", por assim dizer, nos jardins, a partir da qual eles podiam irradiar suas energias vivificantes. Interessante observar, nesse contexto, o aumento dos *jardins selvagens* que vêm sendo criados por jardineiros ingleses; o propósito desses jardins é propiciar um hábitat natural para espécies silvestres de flores, ervas e borboletas. Quem quer que tenha a sorte de ter um jardim pode deixar inculta uma parte dele e convidar os devas a usá-lo. A presença dos anjos da natureza convidados pode fazer muita coisa para ajudar os nossos jardins; mas, o que é mais importante, ela pode ajudar às nossas cidades, pequenas e grandes, e a nós mesmos. Com a crescente consciência da ecologia, dos estilos de vida "verdes", e da interconexão de todas as formas de vida no nosso planeta, os devas podem ensinar-nos muita coisa para fazermos da Terra um paraíso — um jardim.

Os Senhores Animais

Os adeptos do caminho xamânico trabalham muito intimamente com a natureza, que lhes serve de mestre. O xamã mantém relações corretas com todas as formas de vida, animadas e aparentemente inanimadas, e coopera com os devas, os seres angélicos da natureza. O místico da natureza procura a união com o Divino mediante o conhecimento do Ser Único revestido com a roupagem luminosa da matéria. A separação entre Criador e criação lhe é desconhecida. Como dizem os mohawks, uma nação índia norte-americana da Confederação Iroquesa:

> Acreditamos que, quando O Mistério, ou Deus, criou o universo, pôs a Sua mão em todas as coisas, e portanto tudo é espiritual. Pelo que sabemos, Deus nunca disse a nós, mohawks, para separar o que quer que seja, mas apenas para olhar todas as coisas que ele fez como santas e sagradas e manifestar-lhes o devido respeito.[4]

4. Dito mohawk.

Já se fez referência, na Introdução deste volume, àqueles anjos que são os Eus Superiores de toda uma espécie animal. Esses anjos — as forças animais sagradas — são os proto-animais divinos; e para o xamã a criatura-totem é o "raio", a aparência terrena através da qual o anjo fala. Vimos no Capítulo 4 como os anjos-mestres podem usar, e efetivamente usam, animais para indicar consentimento aos nossos pedidos. Nas jornadas xamânicas ao tempo do Sonho, as criaturas encontradas não são seres individuais, mas uma entidade coletiva, o anjo que é a consumação de todos os membros dessa espécie. O ensinamento recebido pelo "sonhador" provém do Eu Superior da espécie, baseado na experiência total de uma espécie que existe na Terra há milênios. Mas isso não é tudo; o anjo da espécie é ele próprio uma incorporação da "idéia", o arquétipo da espécie existente no interior do Espírito Divino. Assim, o anjo é uma forma-pensamento do Logos criador e consubstancia em si a perfeição última da espécie que ele guia.

No seu livro *Battalions of Heaven*, o reverendo G. Vale Owen escreve sobre um relato que lhe fez um de seus amigos desencarnados. A comunicação se refere aos anjos que guiam e animam os reinos mineral, vegetal e animal, e dá uma descrição aproximada desses seres:

> Os seres de que falei eram aquelas forças impessoais que asseguram a coesão nos minerais, aquelas pelas quais a vegetação recebe a vida e aquelas que eram os protetores dos animais, segundo suas espécies. As entidades minerais não eram muito sensíveis em si mesmas, até serem magnetizadas pelos grandes Senhores da Criação, cuja função era amparar esse reino nas suas respectivas ordens. Mas as entidades vegetais tinham em si mesmas uma faculdade de sensação formada e subjetiva com a qual podiam responder às forças vertidas sobre elas por seus próprios Soberanos. É por isso que a mudança na substância é de operação mais rápida no vegetal do que no mineral, pois ele flui em visível crescimento. [...]. As entidades animais, contudo, tinham plena sensação em si mesmas e também um pouquinho de personalidade. E seus Senhores eram esplêndi-

> dos em suas roupagens. [...] Não posso descrever-lhe o seu aspecto, porque nada existe na Terra a que se possa compará-los, embora estejam muito ocupados no meio de vocês. Contentar-me-ei em dizer que ao contemplar cada um deles sabíamos, pelo seu aspecto, de qual departamento da natureza ele era o Soberano. Quer fosse a atmosfera, o ouro, o carvalho ou o tigre, seu domínio estava escrito nele claramente, e em toda a sua beleza. A forma e a substância de seu corpo, o semblante, o vestuário, tudo manifestava o seu reino. Alguns estavam vestidos, outros não. Mas a grandeza desses Senhores é majestosa em força e beleza. Todos tinham o seu cortejo, ordenado segundo os seus graus. Cada um dos membros do cortejo estava encarregado das subdivisões dos seus reinos e unia os seus Senhores a todos os animais ou forças que esses Senhores controlavam.[5]

Vemos esse conhecimento oculto expresso no Salmo que diz: "A Terra é do Senhor, e tudo o que nela contém" (Salmo 24:1). Mas o conhecimento dos devas e de seu trabalho não deve dar origem à crença panteísta de que o universo e Deus são idênticos. O Um não é idêntico à criação, pois a criação depende do Absoluto, ao passo que o Absoluto não depende da criação. A filosofia esotérica é panenteísta, afirmando a beleza criada na natureza e reconhecendo a Presença Divina na natureza, embora ainda reconhecendo a qualidade numinosa de Deus. Nas palavras de uma invocação cerimonial: "Santo és Tu, que a natureza não formou; [...] Senhor da Luz e das Trevas."

O panenteísmo não deifica a natureza, mas reconhece a santidade de que é dotada. Na Cabala, essa santidade íntima é denominada *Shekinah*, a Glória Próxima, a Imanência divina. Eis por que o *Zohar* se refere ao Um como "O Oculto dos Ocultos"[6], pois o

---

5. Reverendo G. Vale Owen, *the Battalions of Heaven*. Londres, Greater World Association, 1959, pp. 151-152.

6. Existem muitas versões do *Zohar*. A que eu uso foi publicada por Schocken Books (Nova York) e organizada por Gershom Scholem.

que é mais oculto do que Aquele que é o Centro de todos os seres? No entanto, o Um também é transcendente — Ele é *Ain*, o Coisa-nenhuma, o Absoluto. Sabiamente, São Paulo descreveu Deus como "*acima* de tudo, e *através de* tudo, e *em* [...] tudo" (Efésios 4:6); porque é e não é — esse o mistério do Altíssimo.

Exercício 5

A Cura de Logres

No nosso planeta, muitas áreas da terra foram devastadas e deixadas com uma atmosfera de pobreza, onde a numinosidade está ausente. Nesses lugares, o espírito da terra foi expulso; tristeza e desolação são o resultado. Na maioria dos casos, isso foi causado pela cobiça humana, decorrente da ignorância da unidade essencial e da superabundância do universo. Em decorrência disso, a conexão da terra com a rede vital da existência se vê afetada e comprometida. Assim como os seres humanos se tornam deprimidos e incapacitados quando sofrem um choque ou trauma, o mesmo sucede com a Terra. Embora o Ser Planetário encete o processo de cura nesses lugares, a contínua vandalização da Terra tem conseqüências de longo alcance que estamos apenas começando a compreender.

Este exercício é um ritual que pode ser praticado tanto por uma pessoa quanto por um grupo. É adaptado de um trabalho semelhante que certos lamas tibetanos vêm executando nos Estados Unidos. Trabalhei pessoalmente com um grupo de pessoas — ligadas a várias tradições espirituais — todas unidas na sua preocupação comum pela Terra e seus filhos. O ritual é uma invocação dos devas da natureza para curar as conexões da área enferma da terra, para que a energia vivificadora do todo possa fluir através dela.

Nos mitos arturianos, essa situação de uma localidade desespiritualizada é representada pela "Terra Desolada". O mito fala da terra de Logres, que caiu sob um encantamento malévolo porque sua conexão com o espírito vivificador foi rompida. Em resposta a esse estado de coisas, os Cavaleiros da Távola Redonda partiram em busca do Graal, o Cálice (portador) da Vida, para restaurar a terra e sua gente na harmonia com o todo.

O símbolo do graal tem diversas manifestações, uma das quais é o Caldeirão do Renascimento, consagrado à deusa céltica Cerwiddwen. O graal tem, assim, o poder da regeneração e da ressurreição. Nesta cerimônia, um vaso biodegradável para plantas é usado para representar o graal. Ele é enchido com substâncias investidas de poder: terra de sítios sagrados, pedras e cristais magnetizados, ervas curativas e água benta. Este ritual é celebrado num espaço sagrado. O "graal" é enchido com as substâncias sagradas, investido de poder pela presença dos devas invocados e depois enterrado na terra enferma para iniciar o trabalho da "cura de Logres".

Essa não é uma receita estrita para o ritual. Grande parte da sua força brotará de nossa própria inventividade. Além disso, ela vai variar de acordo com a necessidade do trecho de terra em questão — se é montanhoso ou plano, se um rio corre através dele, se está perto de um assentamento humano ou não, se fica num sítio urbano. Todos esses fatores têm de ser levados em consideração, pois são indicações das necessidades desse trecho de terra e de quais poderes dévicos devem ser invocados para curá-lo.

Reúna primeiro as substâncias sagradas a serem colocadas dentro do "graal": terra ou pedrinhas retiradas de sítios sagrados; pedras semipreciosas ou cristais que você magnetizou; ervas que purificam (a sálvia ou o cedro são bons); espigas de trigo, cevada ou milho (representam nutrição e crescimento futuro); algumas gotas de água tirada de um poço sagrado ou água benta. O que importa não é a quantidade, mas a qualidade. Se a área a ser curada é parte de um reino, uma imagem do soberano reinante (numa moeda ou selo) é conveniente, porque o monarca está ligado à terra por um elo mágico. Uma imagem do santo patrono do país, uma representação do anjo nacional ou da criatura simbólica da terra (por exemplo, o leão da Inglaterra, o unicórnio da Escócia, a águia americana) são todos poderosos arquétipos capazes de evocar uma resposta do inconsciente coletivo. Tudo o que fala simbolicamente da vida mais ampla da terra — na verdade, tudo o que reforça a idéia da conexão planetária — pode ser eficaz.

Escolha uma época auspiciosa para o ritual: um solstício de verão ou de inverno, ou uma Lua Cheia. Certas grandes datas religiosas podem contribuir com sua cota de energia para esse trabalho. Por exemplo, a Páscoa, com a influência da Lua Pascal e seu simbolismo de ressurreição, ou a Candelária, a Purificação da Virgem Maria (2 de fevereiro), com o seu simbolismo druídico de "Lavagem da Face da Terra".

Tendo purificado a si mesmo e a todas as coisas relacionadas com o trabalho, coloque o vaso que fará as vezes do "graal" no centro do espaço sagrado. Quando a lâmpada e as velas estiverem acesas, entre no seu centro de ser, na consciência do Um Que é a Vida dos Mundos. Desse centro, profira claramente a sua intenção:

> *Em nome de Deus, e invocando a ajuda dos Santos Arcanjos Sandalfon e Haniel, rogamos aos poderes criadores que infundam poder a este vaso, colocado no centro deste círculo sagrado. Enchei-o, imploramos, com a graça da vida, para que ela possa fluir para a terra de* [nomeie especificamente o trecho de terra a ser curado] *e a abundância do Paraíso possa tornar-se manifesta na Terra.*

Invoque agora os Arcanjos da Presença dos Quatro Quadrantes para santificar a esfera na qual você está trabalhando.

Para o leste:

Rafael, portador do bordão do Santíssimo, servo do altar da vida, nós te invocamos. Vem para o leste, entoador de louvores ao Eterno, e enche este lugar com o sopro da vida e os poderes da luz. Rafael, "Cura de Deus", consagra este vaso e dota-o de poder para que ele possa ser um cálice de bálsamo curativo.

Para o sul:

Miguel, portador da espada do Santíssimo, servo do altar da vida, nós te invocamos. Vem para o sul, anjo dos raios solares, e enche este lugar com o fogo da criação e os poderes do amor. Miguel, "Perfeito de Deus", consagra este vaso e dota-o de poder para que ele possa ser uma lâmpada do Sol a iluminar a terra.

Para o oeste:

Gabriel, portador do cálice do Santíssimo, servo do altar da vida, nós te invocamos. Vem para o oeste, anjo da Palavra, e enche este lugar com as águas da graça e os poderes da vida. Gabriel, "Deus é Poderoso", consagra este vaso e dota-o de poder para que ele possa ser um cálice a transbordar o orvalho do Céu.

Para o norte:

Uriel, portador do prato do Santíssimo, servo do altar da vida, nós te invocamos. Vem para o norte, anjo do Trono, e enche este lugar com a estabilidade da Terra e os poderes da lei. Uriel, "Luz de Deus", consagra este vaso e dota-o de poder para que ele possa ser uma pedra-altar onde se depositem as oferendas de flores e frutos da Terra.

Agora os objetos revestidos de poder devem ser colocados dentro do "graal" e uma prece especial pronunciada com cada um deles. Se houver um grupo de pessoas, então diferentes indivíduos podem colocar os vários itens dentro do vaso sucessivamente, dizendo enquanto assim procedem:

> *Que este* [nome do objeto e do sítio sagrado de sua origem. No caso de uma representação, nomeie o poder que ela simboliza] *tome seu lugar no graal da Terra e traga plenitude, cura e abundância à terra de* [diga o nome do local]. *Ó Sagrado Poder, auxilia e cura.*

Todos os presentes repetem:

> *Sagrado Poder, auxilia e cura.*

Quando todos os itens tiverem sido colocados dentro do receptáculo, invoque os devas para ajudar no trabalho:

> *Nós vos invocamos, Devas da Terra. Ministros da Natureza, nós vos convocamos. Ó vós que estais entronizados nas montanhas, que caminhais sobre as tempestades e que flamejais nos veios da Terra — ouvi o apelo dos Filhos de Adão, das Filhas de Eva, e ajudai-nos no nosso trabalho. Derramai vossa essência vivificadora neste vaso, enchei-o com o fogo esmeralda, soprai para dentro dele os ventos e fazei-o arder com a chama da vida.*
> *Que o lugar onde este cálice está enterrado se torne um lugar de beleza, uma morada de paz, um vergel onde todos possam caminhar na presença do Eterno.*

Agora, pode-se dedicar algum tempo para dirigir mais energia ao vaso, a fim de aumentar o seu poder. Neste momento, talvez convenha cantar e dançar, que são atitudes de celebração da vida.

Cânticos, sons e instrumentos de percussão, como, por exemplo, um tambor, são excelentes maneiras de aumentar a concentração. Quando sentir que o momento é apropriado, coloque as mãos sobre o "graal" e, com profunda humildade (*humus* significa "da Terra") e confiança interceda junto ao divino em favor da Terra:

ó Tu, o Um-em-Tudo, que és o Grande Mistério, nós Te invocamos para que nos tomes nas Tuas santas mãos. Ajuda-nos para que possamos caminhar na beleza enquanto cantamos a Tua canção da flor sobre a Terra. Que estejas conosco nos ventos e nas águas, nas chamas fúlgidas e na Terra acolhedora. Que estejas conosco nas voltas do Sol e da Lua, na dança da grande nação das estrelas e no reino encantado do crepúsculo.

Que a Tua Árvore da Vida produza ramos onde se abriguem os seres alados; que ela floresça fragrantemente, e as maçãs douradas da sabedoria amadureçam em doçura, que todas as criaturas possam conhecer a paz e habitar no Teu grande círculo como Todos-no-Um.

Lacre o "graal" com o sinal da cruz dentro de um círculo — uma cruz grega com um círculo unindo os braços —, o símbolo da atividade equilibrada dos quatro elementos, com o ponto do espírito no centro.

Finalmente, para o bem de toda a humanidade, ofereça ao Planeta o vaso consagrado, proferindo as seguintes palavras:

Mãe Terra, recebe este nosso presente de amor. Possa ele ajudar a abastecer o teu corpo que é a terra de [nome do lugar]. *Ó Kallah, noiva de Adonai, recebe este cálice da amizade como sinal da tua união com o Céu. Shalom, Shalom, Shalom.*

Tampe o "graal" para mantê-lo seguro. Agradeça aos poderes que vieram ajudá-lo e diga-lhes: *"Regressai em paz aos vossos reinos, com a Bênção de Adonai."*

Tão logo seja possível, o "graal" deve ser levado ao lugar para o qual foi destinado. Cave um buraco num lugar secreto, espalhe um pouco de lavanda no buraco, coloque cuidadosamente o "graal" dentro dele e cubra-o com terra boa. Você pode repetir de novo a prece à Terra:

Mãe Terra, recebe este nosso presente de amor, etc.

Não deixe marcas no lugar; o lugar deve permanecer "oculto" — escondido.

Capítulo 6

Talismãs de Poder

Porque Tu me tens sido de auxílio;
à sombra das Tuas asas eu me regozijo.[1]

A cada Lua Nova, cada praticante desta magia angélica deve entrar no seu espaço sagrado e ali pôr-se em comunhão com o Um (o Exercício 8, *Templo do Coração,* será útil para isso). Em seguida, por intermédio no Arcanjo Gabriel e na presença dos anjos pessoais do Sol e da Lua, faça esta invocação aos poderes divinos:

Dedico o meu trabalho com a Magia Sagrada dos Anjos, neste novo ciclo da Lua Nova, à glória de Shaddai-El-Chai. Possa esta magia florescer para o bem maior, para meu benefício e o de toda a criação.

1. Salmo 63:7.

A Coroa do Esplendor

Este rito pode ser celebrado em qualquer domingo do ano, de preferência durante as horas de luz solar. Esta magia sagrada opera pela mediação do Arcanjo Miguel, e os sinais de poder usados no talismã são os símbolos solares do arcanjo. O objetivo do trabalho é coroar de sucesso qualquer empresa, ajudá-lo a trazer mais abundância e prosperidade à sua vida. Esse talismã é particularmente eficaz em assuntos que envolvem a assistência das pessoas investidas de autoridade, na administração ou no governo. Pode, além disso, ser usado para ajudá-lo em qualquer assunto no qual você pode conseguir o que deseja por meio de seus próprios esforços — por exemplo, ser promovido mediante o reconhecimento de seus méritos pelos patrões. O trabalho ritual deve ser repetido cada domingo até que seu objetivo se manifeste.

Para este trabalho você precisará de uma vela cor de laranja ou de ouro, uma folha quadrada de papel amarelo, uma régua e um compasso, uma caneta alaranjada ou dourada e um pouco de incenso (o incenso de igreja é melhor para esses trabalhos angélicos).

Quando estiver pronto para começar, pegue a vela apagada e dedique-a ao seu intento com a seguinte invocação:

> *Com a Divina permissão, e em nome do Arcanjo Miguel, Anjo do Sol, trago fogo à terra para que o poder do Sol possa aumentar as minhas energias dirigidas, a fim de obter sucesso no seguinte pedido* [declare a sua intenção simplesmente].

Acenda a vela. Na folha de papel quadrada escreva o seu pedido em tinta alaranjada ou dourada, usando a *Escrita da Passagem do Rio*. Acenda o incenso e, quando ele estiver fumegando, passe a vela acesa três vezes através da fumaça ascendente. Depois passe o papel no qual escreveu o seu pedido através da fumaça aromática.

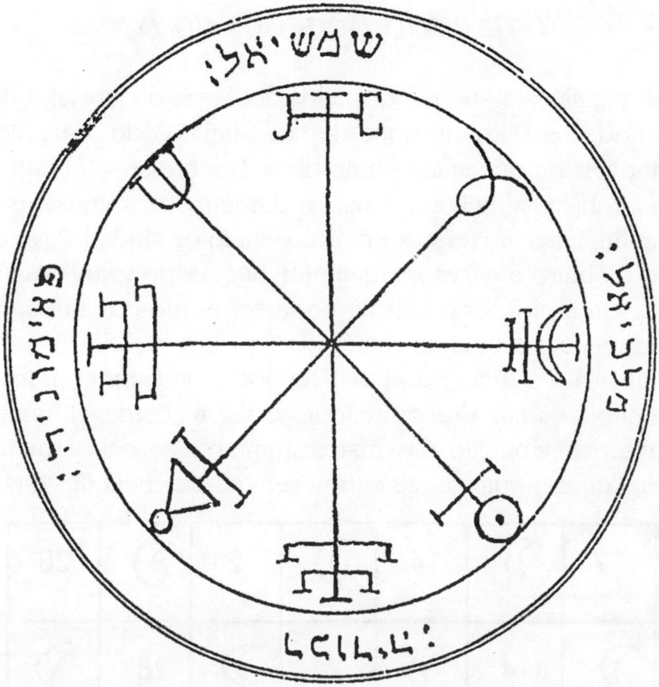

Figura 12. A Coroa do Esplendor.

Agora, no reverso do papel amarelo, desenhe o talismã do poder como mostra a Figura 12. Não se esqueça de desenhar primeiro o círculo e depois as palavras e os símbolos no sentido horário[2]. As palavras hebraicas no círculo são os nomes de quatro anjos: Shemeshiel, Paimoniah, Rekhodiah e Malkhiel. Dobre o talismã de modo a formar um triângulo. Apague a vela. Traga sempre consigo o seu talismã solar; se necessário, renove-o nos domingos seguintes até que o seu pedido se manifeste no nível físico.

2. Este talismã também aparece como um pentáculo solar em *A Grande Chave de Salomão*, um livro de magia medieval geralmente muito mal interpretado.

Trazendo Bênçãos ao Lar

Esta magia está sob os auspícios do Arcanjo Gabriel. O trabalho só pode ser feito em noite de Lua Cheia. Pode-se usá-lo para obter móveis ou utensílios domésticos. Lembre-se: na magia você invoca o objeto almejado, e não o dinheiro para consegui-lo — por que limitar o universo a um único meio de ajudá-lo? No entanto, se o dinheiro é desesperadamente necessário (para pagar dívidas, por exemplo), este talismã pode ser usado e o ajudará a ganhar ou receber a quantia requerida.

O talismã é o quadrado lunar de poder de Gabriel. É formado pelo símbolo da Lua Crescente, que se alterna com os números do ciclo lunar. A vibração das marés montantes e descendentes da Lua, seus quatro quartos, se entretecem na potência deste talismã.

7	☽	14	☽	21	☽	28
☽	14	☽	21	☽	28	☽
7	☽	14	☽	21	☽	28
☽	14	☽	21	☽	28	☽

Figura 13. Trazendo Bênçãos ao Lar.

Para operar esta mágica você precisa de uma vela, de uma régua, de uma caneta de tinta azul ou prateada, de incenso e de um quadrado de papel branco. Quando estiver preparado, proceda da seguinte maneira.

Na primeira noite de uma Lua Nova, acenda a vela branca e o incenso. Consagre a vela passando-a quatro vezes (uma para cada fase da Lua) através da fumaça sagrada. Desenhe a grade do talismã

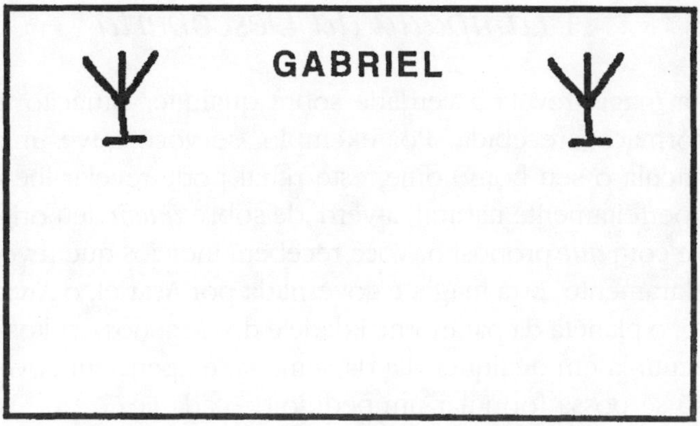

Figura 14. Trazendo Bênçãos ao Lar (reverso).

no papel branco, quatro linhas horizontais por sete colunas verticais. Depois desenhe os símbolos nos quadrados da grade, começando em cima, da esquerda para a direita, e continue na segunda, terceira e quarta linhas, completando assim o talismã (ver Figura 13).

No reverso do talismã, desenhe um sinal evocativo (o tridente mostrado na Figura 14), que representa as fases nova, cheia e minguante da Lua. Escreva então o nome de "Gabriel", transliterado na *Escrita da Passagem do Rio*, seguido novamente pelo sinal evocativo. Embaixo, escreva na *Escrita Tebana* o pedido desejado — por exemplo, "camas", "cortinas" ou "geladeira". Passe o talismã assim completado e o pedido através da fumaça do incenso quatro vezes enquanto diz:

Grande Arcanjo Gabriel, ajuda-me nesse assunto que governas, sob o Deus Vivo e Todo-poderoso.

Apague a vela.

O talismã deve ser guardado no quarto onde se fez a invocação até a Lua Nova seguinte; pode-se escondê-lo, se necessário. Se o objeto desejado não aparecer até então, queime o talismã e execute de novo o trabalho ritual.

A Lâmpada da Descoberta

Esta magia revela a verdade sobre qualquer situação, pessoa ou informação recebida. Por exemplo, se você ouve um boato que macula o seu bom nome, este ritual pode revelar-lhe de um modo perfeitamente natural, a verdade sobre *quem* deu origem ao boato e com *que* propósito. Você receberá indícios que revelam os fatos claramente. Esta magia é governada por Asariel, o Arcanjo de Netuno, o planeta da paranormalidade e dos sentidos ocultos. Pode-se executá-la em qualquer dia da semana, e apenas uma vez, embora só se possa formular um pedido de cada vez.

Você precisará de uma vela branca, de uma vela preta (ou de uma vela branca com uma fita preta enrolada, se bem que uma vela preta seja melhor), de uma régua, de uma caneta de tinta preta, de incenso e de um quadrado de papel branco. Para fazer a magia, disponha as velas a cerca de vinte centímetros uma da outra. A vela branca representa a verdade; a preta significa falsidade e mentira. Comece dizendo:

Que as trevas da dúvida se iluminem.

Acenda a vela branca, invocando:

Que Asariel, Revelador dos Mistérios, lance a Luz da Verdade sobre esta questão de ignorância para que eu possa percebê-la como sob o Olhar do Céu.

Sobre o papel, em tinta preta, desenhe uma grade como a da Figura 15. Depois, procedendo da esquerda para a direita, desenhe os números e preencha as fileiras em ordem descendente. Os números do quadrado referem-se às cartas do tarô: 9 — Eremita; 1 — Mágico; 7 — Carruagem; 6 — Amantes; 3 — Imperatriz; 4 — Imperador; e 5 — Hierofante. Esta magia pode ser feita apenas com as cartas, mas isso é muito avançado para as finalidades deste livro.

4	9	3	6	5
9	9	1	7	6
3	1	4	1	3
6	7	1	9	9
5	6	3	9	4

Figura 15. A Lâmpada da Descoberta.

Depois de completar o quadrado, passe-o uma vez através da fumaça do incenso. No reverso do quadrado escreva, na *Escrita da Passagem do Rio*: "Asariel, Revele." Depois, tendo em mente o assunto a respeito do qual você quer saber a verdade, acenda a vela preta e deixe que ela arda completamente. Conserve o quadrado até que a questão seja resolvida, libere depois os poderes invocados com agradecimentos e queime totalmente o quadrado.

Ritual para Conseguir Justiça ou Melhoria Financeira

Esta magia opera por intermédio do Anjo Sachiel de Júpiter e é realizada no dia a ele consagrado, quinta-feira. Pode-se usá-la para invocar assistência em assuntos legais, nos quais ele concorrerá para um *veredicto justo* e também ajudará nos custos devidos. A justiça será proporcional à probidade da causa — noutras palavras, Justiça Divina. O talismã também pode ser usado para atrair a prosperidade financeira. Não se pode usá-lo para duas intenções ao mesmo tempo.

Você precisará de uma vela púrpura, de uma régua, de um compasso, de uma caneta de tinta vermelha ou azul e de um quadrado de papel branco ou cor de lavanda. Acenda a vela e o incenso e depois invoque:

Grande Anjo Sachiel, Servo de El, enquanto esta luz arde e o aroma do incenso sobe, que o meu pedido possa subir a ti, ó Sachiel.

Desenhe primeiro o círculo exterior, depois o interior, como mostra a Figura 16. Depois coloque a Estrela do Amor no alto, seguida pelos três nomes hebraicos no arco esquerdo do talismã.

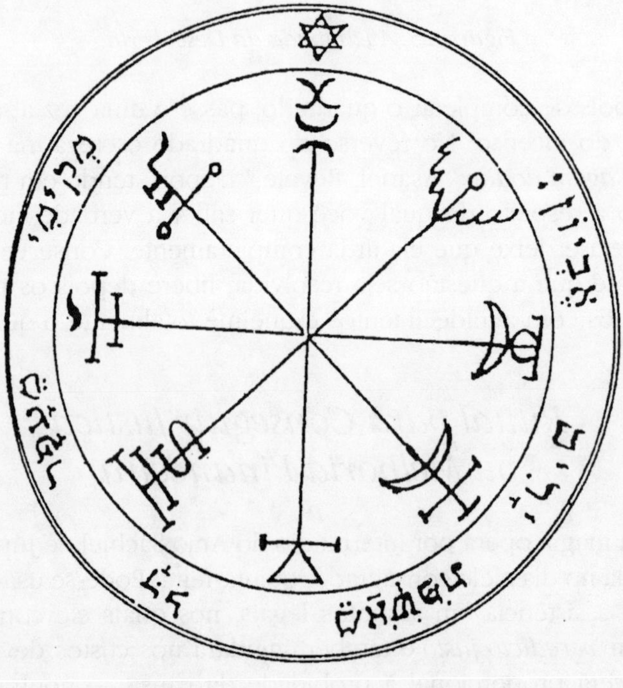

Figura 16. Ritual para Conseguir Justiça ou Melhoria Financeira.

A seguir escreva o versículo hebraico no sentido anti-horário. Desenhe então a linha e os símbolos horizontais, seguidos pelos verticais, depois a diagonal do alto à esquerda até embaixo à direita e finalmente a diagonal do alto à direita até embaixo à esquerda. No reverso do papel escreva o nome "Sachiel" na *Escrita Tebana*[3].

Se o trabalho for para fins de justiça, dobre o talismã em torno de uma pena — a pena representa Ma'at, a deusa egípcia da verdade e da justiça — e guarde-o dentro da fronha do seu travesseiro ou debaixo do colchão. Se a intenção for para melhoria monetária, enrole o talismã em torno de uma moeda de ouro ou de prata[4] e guarde-o numa carteira ou bolsa. Deixe a vela púrpura arder até o fim.

Este trabalho deve ser repetido todas as quintas-feiras subseqüentes, queimando-se a cada vez o talismã feito na quinta-feira anterior. No entanto, se houver algum progresso, você pode considerar isso como indício de que a magia começou a operar; nesse caso, guarde o talismã até que a intenção se concretize.

O Escudo do Anjo Guerreiro

Este trabalho talismânico invoca a assistência do grande anjo protetor Samael de Marte. Destina-se a vencer inimigos, conhecidos ou desconhecidos, e a proteger-nos contra inimigos e fazer-nos triunfar sobre eles. No entanto, precisamos ter muita clareza quanto ao que se entende exatamente por *inimigo*. Um inimigo não deve ser confundido com um *rival*. Um rival é uma pessoa que nos incita a sobressair — a necessária granulação graças a cuja irritação forma-se a pérola. Um rival nos ajuda a desenvolver nossas forças e a reconhecer nossos talentos. Os inimigos devem

3. Esse selo aparece também em 4 *Grande Chave de Salomão* como um pentáculo de Júpiter; o hebraico é o sétimo versículo do Salmo 113: "Ele soergue do pó o desvalido, e do monturo o necessitado."

4. Um soberano de ouro, ou um dólar de ouro, é um item muito útil nos trabalhos de magia que visam a abundância monetária.

ser suplantados. São pessoas que nos querem diminuir ou que nos ferem intencionalmente. Para saber se uma pessoa é um inimigo ou um rival, use o seguinte critério: a pessoa está prejudicando a mim e à minha família, ou são apenas os meus sentimentos que estão sendo atingidos?

O Escudo do Anjo Guerreiro protege-nos contra inimigos anônimos ou conhecidos. Os anjos, que abominam a violência, tornam impotentes os pensamentos, palavras e ações do inimigo; o inimigo ou muda suas intenções com relação a nós ou é totalmente afastado da nossa vida.

M	E	B	H	A	E	R
E	L	I	A	I	L	E
B	I	K	O	S	I	A
H	A	O	R	O	A	H
A	I	S	O	K	I	B
E	L	I	A	I	L	E
R	E	A	H	B	E	M

Figura 17. Escudo do Anjo Guerreiro.

Todavia, para poder invocar o Anjo Samael por meio do talismã, o solicitante deve abster-se de qualquer retaliação contra o inimigo. Obviamente, temos o direito de agir em autodefesa e de dizer a verdade; mas não podemos pagar o ódio com ódio. A própria razão pela qual o anjo consente em nos proteger e ajudar é libertar-nos de qualquer laivo de ódio a fim de que possamos continuar a ser lâmpadas imaculadas, incapazes de lançar a menor sombra de maldade.

O trabalho só deve ser feito na terça-feira. Você precisará de um vela vermelha, um copo de água, uma caneta vermelha, uma régua e um quadrado de papel branco. Acenda a vela e desenhe a grade do talismã, transpondo as letras do alfabeto romano para a *Escrita da Passagem do Rio,* escrevendo da esquerda para a direita e em ordem descendente (ver Figura 17). Logo depois de terminar o desenho, mergulhe a vela na água, apagando-a totalmente. Conserve o talismã perto de um centro de calor: caldeira, aquecedor, forno ou lareira.

Este talismã aparece também como o décimo primeiro quadrado no sistema de magia Abra-Melin[5], onde é usado "para conhecer os amigos verdadeiros e falsos". Quando você tiver prova de que o anjo está lidando com o seu inimigo, queime o talismã na terça-feira seguinte.

O Espelho da Mente

Este trabalho traz fluência de pensamento, de fala ou de escrita. Melhora as faculdades mentais de concentração e da memória. É útil na preparação para exames, mas deve ser feito antes de se empreender o estudo e a revisão, e não no dia anterior ao exame. Ajuda também na escrita e na oratória criativas. O anjo invocado por esta mágica, Rafael de Mercúrio, "educa" a consciência, ajudando a desenvolver a mentalidade. O trabalho é executado numa quarta-feira e repetido cada quarta-feira subseqüente até se alcançar a proficiência.

A magia requer simplesmente um quadrado de papel amarelo, uma régua e uma caneta de tinta preta. Não existe ritual — velas,

---

5. Um sistema avançado de teurgia (magia sagrada), cujo principal objetivo é capacitar o praticante e alcançar "conhecimento e conversação com o Santo Anjo da Guarda", com o Eu Superior (ver *The Sacred Magic of Abra-Melin the Mage,* trad. ingl. e org. de S. L. MacGregor-Mathers, Londres, Aquarian Press, 1986). Tendo concluído esse sistema, o novo adepto "redime" os aspectos não-integrados do seu inconsciente, libertando-se da cadeia de reencarnações.

invocações faladas ou incenso; basta desenhar o quadrado cada quarta-feira e guardá-lo dentro da fronha de seu travesseiro ou debaixo do colchão (ver Figura 18). No entanto, quando se sentar para fazer um exame, você deve trazer consigo o quadrado; mas logo antes do exame procure tocar o talismã com a testa, de preferência sem ser observado!

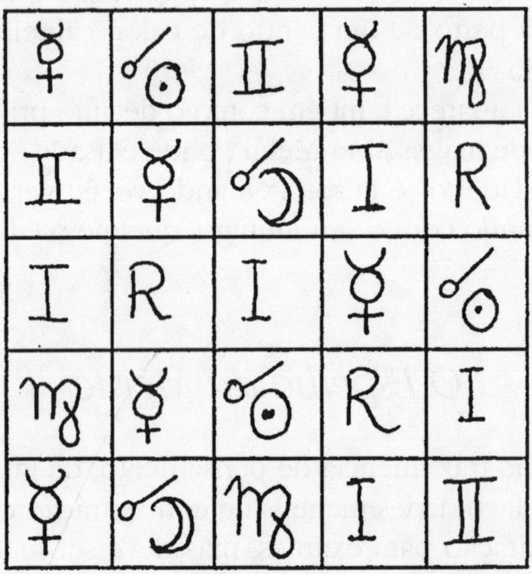

Figura 18. O Espelho da Mente.

O Raio

Este é um trabalho de grande força mágica; é muito poderoso e eficaz. Todavia, as pessoas que não estão preparadas para mudanças drásticas na vida não devem usá-lo. O trabalho remove obstáculos indesejados de maneira súbita e insuspeitada. É um trabalho tão devastador que não deve ser usado mais de uma vez por ano.

Este trabalho elimina obstáculos que estão impedindo você de desfrutar a felicidade na vida. Como o Raio costuma agir desintegrando o obstáculo, *nunca* se deve usá-lo contra seres vivos, nem tampouco para afastar a má saúde ou a pobreza ou para influenciar pessoas amadas. O trabalho se dá sob a regência do Arcanjo Uriel, que é um anjo do trono do mais alto grau e cujos modos de operar são drásticos e devastadores. Se este trabalho for usado erroneamente, o poder invocado poderá voltar-se contra você, pois o arcanjo não permitirá nenhuma injustiça.

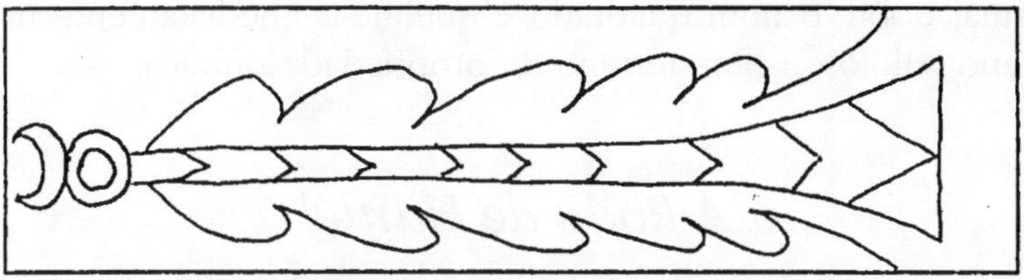

Figura 19. O Raio.

Para este trabalho, a intenção deve ser a de remover um fardo que está arruinando a sua vida; o fardo deve ser algo que você não aceitou voluntariamente, algo que lhe foi impingido. Além disso, você deve estar preparado para aceitar as convulsões e as conseqüências que essa magia pode provocar.

O método é extremamente simples, já que o símbolo usado é tão potente — o relâmpago que é representado na décima sexta carta do tarô, "A Torre Fulminada". Reza a tradição que o Arcanjo Uriel é que foi enviado para destruir a Atlântida e seus habitantes a fim de pôr termo aos seus malévolos abusos da magia e da ciência.

Este trabalho dever ser feito num sábado, e tudo o que se requer é uma folha de papel preto, um pedaço de giz branco e uma consciência limpa! Comece nomeando verbalmente o obstáculo que você quer eliminar e depois profira a invocação:

> *Uriel, Luz de Deus e Anjo de Força Mágica, remove do meu caminho esse* [nomeie de novo o obstáculo] *que me aflige injustamente.*

Se neste ponto você tiver alguma intuição no sentido de parar, não continue o trabalho. Quaisquer reservas que sentir podem ser uma indicação dada pelo Arcanjo Uriel para interromper o trabalho. Se estiver tudo bem, escreva o seu pedido na *Escrita da Passagem do Rio* com o giz branco sobre o papel preto. Em seguida, no reverso do papel, desenhe o símbolo do Raio e escreva o nome "Uriel" na mesma escrita (ver Figura 19). Uma vez completado o talismã, dobre-o num quadrado e queime-o imediatamente num terreno baldio ou num terreno de propriedade pública.

A Roda de Haniel

Este trabalho opera sob os auspícios do Arcanjo Haniel de Vênus. Seu objetivo é aumentar o amor e aprofundar a afeição entre amigos, parceiros ou parentes. É eficaz para desfazer rupturas ou separações entre pessoas que se amam, restaurando a harmonia em amizades combalidas e unindo parentes que não se dão bem. Por maior que seja a ferida que as pessoas que se amam tenham causado uma à outra, se a centelha da afeição ainda existe, Haniel pode convertê-la numa chama sadia. O "amor", tal como é usado no sentido romântico, é como uma orquídea de estufa; requer todas as condições adequadas para florescer; a Roda de Haniel pode gerar as condições necessárias para que o amor floresça.

Esse trabalho *não* compelirá o amor de uma pessoa se ela não tiver uma afeição inicial; a Roda não pode ser usada para forçar o amor de outrem. Existem magias negras que podem forçar a ilusão do amor mediante a compulsão e o fascínio, mas esses métodos acabam virando cinzas, porque o autor dessas magias sabe que a pessoa desejada não começa um relacionamento por sua própria e livre vontade. O amor, para ser realmente amor, deve ser dado e honrado livremente; deve preferir o maior bem do ser amado à gratificação pessoal.

Entretanto, como os resultados desse trabalho se manifestam em seis semanas, a Roda de Haniel pode ser usada para se saber se uma pessoa se tornará "amada". Se você sente atração por alguém, mas não sabe se os seus sentimentos são correspondidos, pode invocar Haniel por meio da Roda; e se, ao cabo de seis semanas, não houver sinais de afeição, então você saberá que esse relacionamento não tem futuro. Diga "obrigado" e interrompa o trabalho. Se o afeto se manifestou, a Roda continuará a incentivá-lo a crescer e a amadurecer.

Para executar o ritual da Roda de Haniel você precisará de três velas cor-de-rosa, três velas azul-claras, um bastão de lacre vermelho, um incenso venusiano (sugiro que você acrescente óleo de rosa ao incenso usado nas igrejas), um quadrado de quinze centímetros de cartão (não papel) cor-de-rosa ou azul-claro, um compasso, uma régua, uma caneta vermelha e uma rosa fresca. Todos os itens podem ser usados para o ritual em todas as seis sextas-feiras, com exceção da rosa, que deve estar fresca em cada ritual.

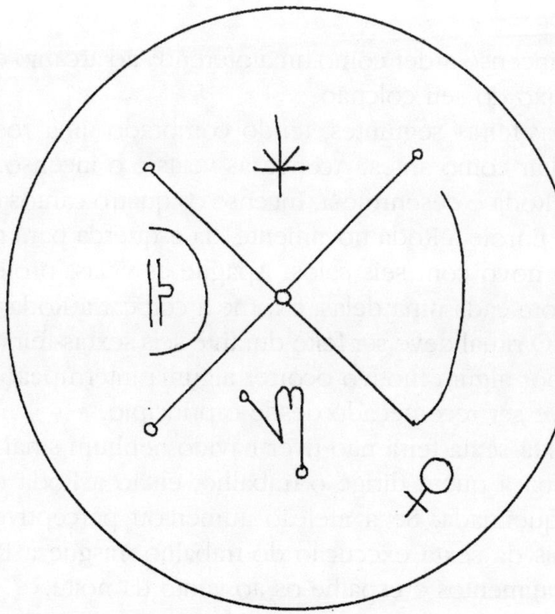

Figura 20. A Roda de Haniel.

Para erigir um altar para o Ritual da Roda, acenda as seis velas e o incenso. Escreva o nome "Anael" na *Escrita da Passagem do Rio* em tinta vermelha em cada um dos quatro cantos do cartão. Depois passe o cartão através do incenso aromático para que as palavras escritas recebam a sua influência. Tendo incensado os quatro cantos do cartão, desenhe no seu centro os sinais de poder que constituem a Roda de Haniel, como mostra a Figura 20.

No reverso do cartão, na *Escrita da Passagem do Rio*, escreva o nome da pessoa cuja afeição você quer receber. Enrole o talismã assim completado, da esquerda para a direita, em forma cilíndrica e lacre-o ao longo do seu comprimento com seis lacres, usando a cera vermelha.

Apague as seis velas, proferindo esta invocação à medida que cada vela se apaga:

Que a Roda gire em nome de Anael.

Deixe o incenso arder como uma oferenda ao arcanjo e guarde a roda debaixo do seu colchão.

Nas sextas-feiras seguintes, tendo comprado uma rosa nova, prepare o altar como antes. Acenda as velas e o incenso. Rompa os lacres da Roda e desenrole-a. Incense os quatro cantos da Roda como antes. Enrole a Roda novamente, da esquerda para a direita, e lacre-a de novo com seis selos. Apague as velas, proferindo a invocação com cada uma delas, e torne a colocar a Roda debaixo do colchão. O ritual deve ser feito durante seis sextas-feiras consecutivas. Se por algum motivo ocorrer alguma interrupção, todo o trabalho deve ser recomeçado desde o princípio.

Se na sexta sexta-feira não tiver havido nenhum sinal de afeição da pessoa a quem dirige o trabalho, então a Roda deve ser totalmente queimada. Se a afeição aumentou perceptivelmente, então, depois da sexta execução do trabalho, rasgue a Roda em pequenos fragmentos e espalhe-os ao vento da noite.

O Mapa de Lumiel para a Proteção da Vida

Esta é uma proteção angélica que se estende a todos os níveis, dentro das restrições da Lei do Karma. Ela protege a alma contra o medo e a perda de poder; protege a mente contra qualquer dano; e protege o corpo contra ferimentos e degeneração da saúde. O quadrado é consagrado ao Anjo Lumiel, um dos anjos do planeta Terra. O possuidor deste quadrado está protegido contra danos em todos os três níveis do corpo, da mente e da alma.

O quadrado é desenhado sobre um cartão branco grosso — afinal, ele terá de durar a vida inteira! Deve-se fazê-lo no dia consagrado ao seu anjo particular da Lua ou do Sol; se você o estiver fazendo para outra pessoa, procure ajustá-lo ao dia dos anjos des-

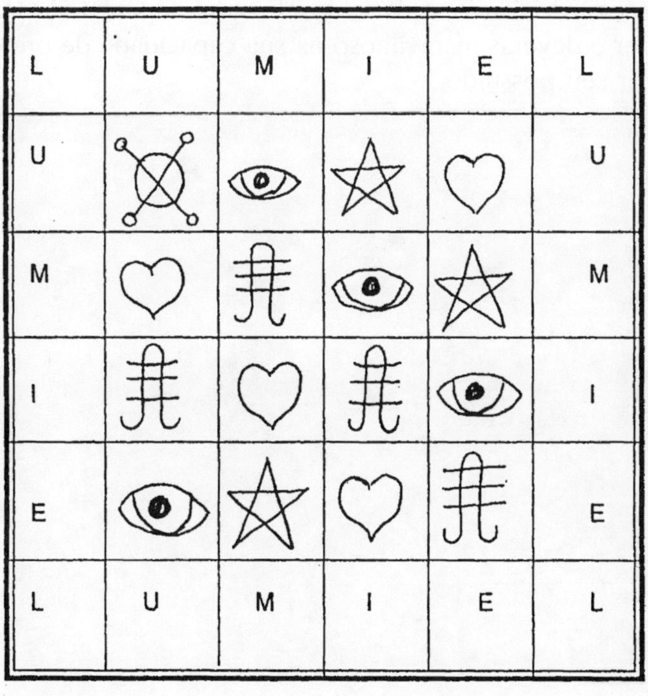

Figura 21. Proteção do Corpo, da Mente e da Alma.

sa pessoa. Não existe nenhum ritual ligado a esse trabalho; o desenho ou a coloração do quadrado o revestem de poder.

A grade do quadrado é desenhada com tinta vermelha. Os símbolos são em diferentes cores: o Símbolo da Fortuna em púrpura; o Coração Físico em vermelho; a Estrela da Glória em prata; o Djed de Osíris[6] em ouro; e o Olho do Céu[7] em azul-celeste.

Os símbolos podem ser contornados com a cor preta. As letras do nome de "Lumiel" devem ser escritas em verde no alfabeto romano (ver Figura 21). No reverso do talismã, em verde, escreve-se o nome da pessoa para quem o quadrado é feito, usando-se a *Escrita da Passagem do Rio*.

O quadrado deve ser feito apenas uma vez, a não ser que você o perca. Muitos praticantes da Magia Sagrada dos Anjos guardam o Quadrado de Lumiel debaixo do colchão da própria cama, salvo quando estão viajando; nesse caso, ele os acompanha. Este talismã de poder é deveras maravilhoso na sua capacidade de proteger e defender seu possuidor.

6. Símbolo da mente.
7. Idem.

Exercício 6

Á Árvore da Lua

A *Árvore da Lua* age como foco para as energias lunares e por isso é de grande valia nos trabalhos com os talismãs lunares e para as invocações do Arcanjo Gabriel. A Árvore da Lua fica carregada com o poder da Lua e favorece todos os trabalhos feitos na sua presença. Uma vez que é a maior parte da energia angélica é retransmitida por meio da esfera lunar (isto é, o plano astral-etérico), a presença de uma Árvore da Lua consagrada é de grande ajuda em todos os trabalhos com os anjos. Por essa razão, muitos praticantes da Magia Sagrada dos Anjos têm uma Árvore da Lua no seu templo, santuário ou altar. A Árvore da Lua está ligada ao arquétipo da Sarça Ardente sobre a Montanha da Lua e representa a Árvore da Vida em Yetzirah, o plano astral.

Para fazer uma Árvore da Lua, deve-se escolher uma árvore — de preferência um salgueiro, um vidoeiro ou uma macieira. Deve-se procurar um galho do qual esteja brotando uma boa profusão de rebentos. O tamanho do galho depende do tamanho que você quiser que tenha a sua Árvore da Lua. Tendo encontrado a árvore, passe algum tempo com ela, dizendo à *dríade*, o espírito da árvore, aquilo de que você precisa e por que precisa. Sente-se recostado ao tronco da árvore, dentro da aura dela, e partilhe seus pensamentos e sentimentos com a dríade. Em seguida abra-se às impressões que a dríade lhe comunica.

Você notará que a maioria das dríades estará receptiva à sua intenção, porque você estará usando a chamada "madeira viva" — uma madeira que retém o seu vínculo astral-etérico com a árvore de que é tirada e com a dríade, o espírito da natureza, que usa essa árvore como seu corpo físico. Desse modo a dríade se beneficiará grandemente do fato de lhe dar uma porção de seu próprio corpo para fazer uma Árvore da Lua. O espírito da árvore receberá uma parte da energia angélica resultante de quaisquer trabalhos feitos com a Árvore da Lua, e por isso a própria evolução da dríade será favorecida.

Tendo escolhido o galho, com a ajuda da dríade, marque o lugar de onde cortará o galho usando uma fita ou um pedaço de barbante. Despeça-se de dríade até voltar. Na Lua Nova, ou pelo menos durante o primeiro quarto lunar, volte à árvore. Com uma faca bem-afiada, corte o galho da árvore no ponto onde fez a marca. Coloque uma moeda de prata e alguns fios do seu cabelo ao pé da árvore (perto das raízes) como agradecimento e retribuição. Leve o galho para casa e lacre o lugar onde o ramo foi cortado com lacre ou cera de vela; isso conservará a seiva e a força vital do galho. Guarde o galho num lugar seguro e cálido até três dias antes da Lua Cheia.

Enquanto estiver aguardando a Lua Cheia, arrume ou compre um vaso adequado para a Árvore da Lua. O vaso deve ser suficientemente forte para conter concreto ou gesso. Lembre-se de que o vaso se tornará um adorno do seu espaço sagrado e um instrumento para os anjos; por isso deve ser bonito e agradável. Você precisará também conseguir objetos com os quais possa ornamentar a Árvore da Lua. Esses ornamentos podem ser qualquer coisa branca, prateada ou transparente. Muitas coisas podem ser usadas como ornamentos da Árvore da Lua: sininhos de prata, prismas, pequenos candelabros, pérolas verdadeiras ou artificiais. Você poderá acrescentar outros ornamentos no futuro, mas o melhor é ter o maior número possível deles prontos para o "despertar" da Árvore da Lua quando a consagrar à Lua Cheia.

Três dias antes da Lua Cheia, pinte todo o galho de branco. Dois dias antes da Lua Cheia, pinte-o novamente com tinta ou *spray* prateado; quando a tinta secar, coloque o galho no vaso com cimento ou gesso em torno da base para fixá-lo. Um dia antes da Lua Cheia, coloque todos os ornamentos, exceto um, sobre o galho; demore quanto tempo quiser. O resultado deve ser um belo arranjo. Alguns praticantes colocam uma imagem relacionada com o seu anjo lunar aos pés da Árvore da Lua; por exemplo, se o seu anjo lunar é o Anjo Sachiel, uma estatueta de baleia ou um elefante de marfim serão bons focos. Seu anjo lunar pessoal atua como a lente através da qual você recebe as influências da Lua.

Para consagrar a sua Árvore da Lua você precisará de:

- nove velas brancas em castiçais;
- incenso (adicione um pouco de cânfora ao incenso);
- água; e
- sal.

O altar deve estar voltado para oeste; sobre ele, coloque as velas num triângulo cercando a Árvore da Lua — três velas formando cada linha do triângulo, com a base do triângulo diante de você e o vértice o mais afastado possível.

Numa noite de Lua Cheia, depois de se purificar e de se concentrar, abra o seu espaço sagrado da maneira usual. Acenda a lâmpada do altar e o carvão para o incenso. Misture a água e o sal e salpique levemente a Árvore da Lua com essa mistura. Jogue um pouco de incenso no carvão e passe a fumaça de incenso três vezes em torno da Árvore da Lua.

Em seguida, acenda a fileira de três velas do seu lado direito, dizendo com cada uma delas: *"SHADDAI-EL-CHAI"*. Depois, continuando a andar em torno das três velas do outro lado, acenda-as dizendo três vezes: *"GABRIEL"*. A seguir, complete o circuito e acenda as três velas que formam a base do triângulo, dizendo enquanto acende cada vela: *"LEVANAH"*. A Árvore da Lua está agora encerrada no "Triângulo da Arte". Invoque o seu anjo lunar pessoal pelo nome até sentir a presença dele atrás do seu ombro esquerdo. Coloque o último ornamento na Árvore da Lua (e uma imagem relacionada com o seu anjo lunar, se tiver uma), completando assim a ornamentação. Durante algum tempo, contemple a Árvore da Lua assim concluída.

Visualize a Lua Cheia resplandecente acima da árvore. Concentre-se nessa imagem até que ela se torne bem forte; veja-a reluzindo em poder e vitalidade. Quando a imagem tiver adquirido certa "independência" na sua mente, visualize um raio da luz da Lua derramando-se sobre a Árvore da Lua, banhando-a na sua influência. Então, invoque:

> *Ó Deus Vivo, coloca a Tua mão sobre esta árvore e enche-a com o fogo lunar de chama prateada. Que o sopro ou espírito de Gabriel sopre através de seus ramos e que o poderoso Querubim brilhe como lâmpadas sobre ela.*

> *Enquanto a Lua no alto espelha os Teus poderes, e todos os mundos se alinham em unidade, eu consagro esta Árvore da Lua à Glória de Shaddai-El-Chai e do Arcanjo Gabriel, para alegria dos anjos da luz e para honra do sagrado Anjo* [nomeie o seu anjo da Lua pessoal]. *Assim seja, pelo poder do Um.*

Agora, abra o seu ouvido ao anjo da Lua e ouvirá na sua mente uma singela melodia. Enquanto a ouve, entoe-a, repetindo-a várias vezes. Deixe que ela se avolume, tornando-se um mantra de energia sônica, vibrando através da sua consciência e elevando-o a um estado alterado. Deixe que seu corpo se mova e dance ao ritmo da canção do anjo. Você começará a ouvir outras vozes cantando a canção com você, vozes de suprema pureza e poder. Você estará cantando com o coro dos Querubins! Quando isso acontecer, você verá que a Árvore da Lua parece contornada por uma luz branca prateada. Ela começa a vibrar suavemente — se houver sinos na Árvore da Lua, eles tilintarão. Quando isso acontecer, você saberá que a sua Árvore da Lua foi aceita no Alto e que ela agora despertou num mundo superior.

Agora você poderá encerrar suavemente a canção, mas não se surpreenda se os cantores invisíveis continuarem a cantar durante mais algum tempo. Procure lembrar-se do canto, porque poderá usá-lo no futuro como um auxílio para a meditação a fim de se aprofundar nos níveis da consciência e se comunicar com o seu anjo lunar. Ele é uma dádiva de poder; conserve-o e venere-o como tal.

Feche as portas do seu espaço sagrado e deixe que as nove velas se consumam. Mantenha em segurança a sua Árvore da Lua. Você poderá mudá-la para outro local sem a perturbar. Se alguém lhe perguntar: "O que é isso?", você poderá dizer que é uma obra de arte que fez para alguns amigos. E como isso é verdade!

CAPÍTULO 7

FICAI CONOSCO

[...] E com a aurora, sorriem as faces dos anjos que outrora conheci, mas por algum tempo olvidei.[1]

Os anjos supervisionam toda a evolução no planeta. Como vimos, sua vigilância sobre os reinos mineral, vegetal e animal resultou num planeta bonito, ecologicamente equilibrado e capaz de sustentar a vida humana. Com a chegada da humanidade ao cenário do planeta, um novo fator entrou em jogo: o livre-arbítrio. Antes, toda adaptação física, toda modificação corporal eram acompanhadas pelo anjo regente, a Superalma da espécie. Cada desenvolvimento novo na espécie devia-se a ele, que atuava para materializar no plano físico a idéia arquetípica divina formada na mente do Um. Experiências como a dos dinossauros foram sustadas ou porque sua função já tinha sido preenchida ou porque eles se revelaram inadequados para este planeta. Mas seria errado atribuir onisciência aos anjos. A evolução angélica, sua obra de amor, reside na tensão entre seu vislumbre do "sonho" do Criador, que se situa fora do tempo, e o êxito que alcançam em materializar esse sonho na Terra.

1. Hino católico intitulado *Lead Kindly Light*, do cardeal Newman.

A humanidade altera conscientemente os corpos físicos de outras criaturas, conforme vemos no cultivo de plantas e na domesticação de animais (embora, sem a contínua vigilância humana, essas espécies tendam a reverter ao tipo primitivo). Eis um dos significados ocultos da história de Adão dando nomes aos animais, no livro do Gênesis. Os homens dispõem também da faculdade de alterar seus próprios veículos corpóreos. Essa é a tarefa especializada dos adeptos superiores, homens e mulheres que constituem a flor da evolução humana. Com o advento da humanidade, surgiram leis e relações mais complexas, introduziu-se uma nova dinâmica no esquema planetário e, em resposta, as ordens angélicas que antes não se envolviam com a Terra passaram a fazê-lo. A tarefa dessas ordens está intimamente ligada à dimensão humana.

Entre as criaturas físicas da face da Terra, só os humanos têm a capacidade de alcançar todos os níveis do ser: físico, astral, mental e espiritual. Esse é um dos significados do termo "livre-arbítrio". O homem é livre não apenas para tomar decisões racionais ou conscientes, mas também para atuar nos vários planos interiores da consciência. Os mundos superiores (como esses níveis às vezes são chamados) possuem seus próprios habitantes, tal qual os níveis físicos possuem sua própria flora e fauna. Entre eles, destacam-se as hostes angélicas. Era, pois, inevitável — literalmente — que homens e anjos se encontrassem.

Enquanto os caçadores e exploradores das sociedades primitivas vasculhavam o terreno físico e os hábitos e modos de vida dos animais que iam encontrando, os antigos sonhadores e videntes, precursores dos sacerdotes, investigavam os planos interiores com seus habitantes sombrios ou luminosos. Enquanto os exploradores e caçadores aprendiam a respeito das plantas, remédios e alimentos ouvindo e observando os animais, os xamãs adquiriam conhecimentos a partir de seus encontros interiores e desenvolviam as primeiras cosmologias. O explorador mapeava o mundo físico, o vidente balizava o invisível.

Os principais seres angélicos encontrados pelos antigos videntes foram os anjos-mestres da humanidade, a que aludimos no Capítulo 1. E esses espíritos de luz ainda são os que se acham mais intimamente envolvidos com a evolução humana. A magia sagrada ensina e evoca, justamente, a interação com esses seres de amor e sabedoria. Os velhos xamãs depararam também com os devas da natureza e com os anjos que são as Superalmas das espécies dos reinos animal e vegetal. Alguns foram adotados como deuses, como patronos; outros, especialmente os devas, passaram a ser venerados em certos sítios, que se tornaram centros tradicionais de poder e peregrinação.

Do contato entre homens e anjos surgiu a cooperação — cooperação extremamente rara, mas que parece estar aumentando. Com efeito, na Era de Aquário, a humanidade viverá uma idade dourada de renascimento espiritual. Boa parte da interação entre os anjos e a humanidade tende a ser inconsciente, no que nos diz respeito; isso se deve, porém, à nossa ignorância da atividade interior. Numa tentativa de superar essa ignorância, examinemos alguns pontos de contato entre os anjos e nós próprios.

Os Príncipes das Nações

A humanidade, posto que individualizada, contém também os agregados de todas as fases evolutivas anteriores. A consciência jaz nos minerais, dorme nas plantas, sonha nos animais e desperta na humanidade. Esses, no entanto, não são tipos diferentes de consciência: cada forma de vida posterior traz em si tudo o que foi antes. O corpo humano, em gestação no ventre, passa por todas as expressões anteriores de vida. O embrião humano vive na água e sofre mudanças análogas às do girino no curso de seu desenvolvimento. O corpo humano contém sais minerais e traços de metal, enquanto seu sistema digestivo é herdado da fisiologia das plantas. Psicologicamente, a humanidade herdou o instinto de reprodução do reino vegetal, bem como o instinto gregário e de sobrevivência do reino animal.

O instinto gregário constitui a base de nossas divisões sociais de família, clã, tribo, nação, cultura e civilização; conseqüentemente, essas divisões formam almas coletivas de vários graus de poder. Grandes são as almas coletivas das nações, os maiores grupos físicos que os homens podem reunir. Esses grupos recebem a inspiração de anjos poderosos, cujo propósito é mediar a energia espiritual a eles dirigida, energia que afeta cada um de seus membros. No Antigo Testamento, os anjos das nações são denominados "Príncipes" (Daniel, 10:13-21). Esses vigilantes angélicos não se ocupam dos modismos passageiros que agitam a superfície da consciência nacional: ocupam-se da vitalidade espiritual, da "visão" profunda da nação (por exemplo, a filosofia da "liberdade sob Deus" que caracteriza o verdadeiro americanismo) e seu papel no concerto das nações.

O chefe de Estado tem vínculos com o anjo regente da nação que ele dirige durante seu mandato. O propósito esotérico da coroação de um soberano é materializar esses vínculos íntimos e oferecer a vida do novo rei ou rainha como canal para a Graça emanada dos mundos superiores em benefício da terra e do povo que constitui aquela nação. O governante dedicado pode usufruir da influência benevolente do anjo regente nacional no cumprimento de seus deveres para com o povo a ele confiado.

Há acontecimentos na vida de uma nação que sacodem essa consciência profunda: a coroação do monarca, uma data histórica nacional (por exemplo, o Dia de Ação de Graças, nos Estados Unidos) ou o momento em que toda a nação se une contra um agressor comum. Em tempos assim, o sensitivo pode perceber a presença de uma grande inteligência influenciando a mente nacional e encorajando gentilmente os pensamentos do povo rumo ao que é nobre e elevado.

Em certas escolas esotéricas, esses anjos inspiradores das almas coletivas nacionais são chamados "anjos raciais". Acho esse termo equivocado, pois pode dar azo a uma espécie de racismo intelectual que nada tem a ver com o verdadeiro ocultismo. Os anjos das almas coletivas nacionais lidam com nações (que freqüentemente englobam diversas raças), localizações geográficas, tradições, instituições e símbolos existentes na mente subconsciente dessas nações que podem ser fortalecidos para trazer mais harmonia com o todo. O anjo nacional controla o *dharma*, o destino final em vista do qual a Providência deu vida à nação. Esses príncipes angélicos também estão envolvidos com o conselho espiritual, a Ordem Recolhida que existe para servir a toda a humanidade na sua jornada rumo à unidade.

O anjo nacional utiliza como corpo uma forma-pensamento construída a partir do subconsciente da nação. É quase sempre uma figura mítica ou simbólica. O anjo regente dos Estados Unidos costuma se revestir de uma forma transfigurada da estátua da Liberdade, de porte titânico, cores translúcidas, raios luminosos na coroa e empunhando um facho de brilho radioso — a Chama da Liberdade —, que é a divindade imortal em cada coração humano. Outras vezes o mesmo anjo pode aparecer sob o aspecto do Grande Espírito dos índios norte-americanos, vasto como o céu, forte como as planícies, adornado com as plumas da águia sagrada que alcança os céus.

O anjo nacional da Inglaterra usa às vezes a forma de São Jorge[2], outras a de Britânia. A representação idealizada do santo padroeiro de uma nação pode constituir um poderoso veículo para o seu anjo. A forma-pensamento do santo vem sendo robustecida por séculos de devoção e prece, consagrada pela idéia essencial de uma vida entregue a Deus. É, pois, coerente com o papel do anjo.

O único anjo nacional assim reconhecido é o de Portugal. O rei Dom Manuel I solicitou ao papa que autorizasse a Festa do Anjo Guardião de Portugal no terceiro domingo de julho. Que eu saiba, nenhum outro país tem esse culto. A mais recente aparição do anjo de Portugal data de 1916, em Fátima, onde se mostrou a três crianças. Ele agia como encarregado de preparar as crianças para as visões posteriores da Santa Virgem Maria, que ocorreram nos anos seguintes. As crianças descreveram o anjo como um mancebo brilhante como um cristal varado pela luz do Sol, segurando uma hóstia da qual pingava o sangue sagrado no cálice.

Num nível mais profundo, situa-se a grande alma coletiva de

2. São Jorge é, provavelmente, uma variante cristã do herói grego Perseu.

toda a humanidade[3]. Mas, embora homens e mulheres de boa vontade trabalhem dia e noite para concretizar a idéia da comunidade humana, com os mútuos cuidados e desprendimento que isso implica, muitos de nós, infelizmente, apenas a aceitamos intelectualmente, se tanto.

Dissemos que certos sítios naturais (montanhas, florestas, etc.) são utilizados como pontos de focalização pelos devas (Capítulo 5). Isso se aplica também às cidades, que possuem um tipo especial de regência angélica. Esses anjos "cívicos" são governados pelo anjo nacional, mais ou menos como os membros do coro dos Querubins se submetem ao arcanjo Gabriel.

Música

Outra área de contato entre os reinos angélico e humano encontra-se na arte musical. No Oriente, os anjos especializados em música chamam-se *Gandharvas*. Muitos compositores recebem inspiração diretamente desses anjos. O coro dos anjos às vezes é ouvido por eles em sonhos, quando a alma está livre para percorrer os planos interiores. É a lembrança persistente da canção dos anjos, a Música das Esferas, que inspira inúmeras partituras. Com efeito, parece que alguns compositores desenvolvem uma espécie de "clariaudição" que os habilita a sintonizar-se com os *Gandharvas* no estado de vigília.

Uma vez que a criação é feita de vibração, cada ser, cada fragmento de matéria, cada onda de energia faz soar uma nota única na Grande Sinfonia da Existência. A "canção" dos *Gandharvas* é a vibração da consciência angélica que percebe a ordem total das coisas. Ela é, em conseqüência, insuperavelmente pura, harmoniosa e emocionante. Já que o semelhante atrai o semelhante, a grande música, sobretudo a sacra, evoca os *Gandharvas*. Eis uma das razões pelas quais um ofício religioso

---

3. Jung chama a isso "inconsciente coletivo".

com música, corais e cantos cria uma atmosfera diferente da dos serviços que rejeitam a música.

Toda música rítmica ou harmônica cria várias formas e cores nos níveis interiores, e certos videntes conseguem perceber essas "formas de música". As formas geradas pela vibração das notas musicais são fortalecidas pelas reações emocionais dos ouvintes. Os concertos produzem belas formas; atraem os *Gandharvas*, que não só fruem passivamente a música, mas a utilizam. As formas astrais elaboradas pela música de concerto, pela ópera ou pelo balé são como taças enchidas com a energia emocional da audiência. Essa energia é em geral de ótima qualidade, já que esses tipos de música tendem a estimular o espectro emocional superior. Os *Gandharvas* enriquecem essa energia com a sua própria, aumentando-lhe assim o índice de vibração e a potência. Depois, irradiam a influência combinada pelo local onde a execução está ocorrendo. Outros anjos que estejam trabalhando na área captarão parte dessa influência e aplicá-la-ão à tarefa a eles confiada.

Se o concerto for em benefício de alguma causa, os *Gandharvas* podem percebê-lo e dirigir nesse sentido a energia acumulada, mas será bom que alguém os informe dessa intenção. Relações muito boas têm sido cultivadas entre nações em resultado de intercâmbios culturais. Orquestras visitantes, companhias de dança e corais que se apresentam em terras estrangeiras são utilizados deliberadamente pelos *Gandharvas* para promover a boa vontade entre os povos.

Um amigo meu, ora desencarnado, era organista de igreja e "padre conhecedor". Ele podia invocar os *Gandharvas* à vontade — de fato, eles tinham tanta familiaridade com ele que às vezes eram chamados "o coro invisível de Harry". Freqüentemente eu o vi curar grupos de pessoas tocando música em mais de um nível ao mesmo tempo. Ele também conseguia magnetizar jóias com propósitos medicinais por meio da magia da música. Nas ocasiões em que oficiava uma missa cantada, até as paredes do templo vibravam. Ele confidenciou-me que toda a natureza se resolvia na nota fá.

Os *Gandharvas* apreciam muito o som aveludado dos sinos e dos grandes gongos; usar esses instrumentos durante uma cerimônia sagrada é atraí-los fatalmente. Os sinos das igrejas recebem uma bênção especial, que só pode ser dispensada pelo bispo, quando então são ungidos, incensados e dedicados a um santo em particular. Alguns bispos, que além de prelados foram magos, costumavam dedicar os sinos de grande porte ao arcanjo Rafael, de sorte que, quando tocados, espalhassem os fluidos curativos por intermédio do som. Os *Gandharvas* podem conduzir a energia de cura a qualquer doente que consiga ouvir o repique dos sinos. A música sacra tibetana é das mais poderosas: pura magia sonora. Mas cumpre conhecer as entidades invocadas pela música e pelos mantras antes de recorrer a essa força temível.

Outros seres dos planos interiores são atraídos por diferentes tipos de música. O som do *shofar*, feito de corno de carneiro, alerta o grande arcanjo Sandalphon. Os Serafins apreciam as trombetas e algumas formas de marchas. Os elfos se encantam, em especial, com a melodia de *Greensleeves* (não sei por que, mas é bom tomar cuidado ao cantá-la). Também gostam dos lamentos dolentes e do dedilhar da harpa nas jigas irlandesas e nas danças escocesas. Os devas e elementais respondem bem à música de ritmo acentuado — música étnica —, sobretudo quando há o som de tambores. Numa floresta, em noite de Lua Cheia, pode-se chamar com o som do tambor alguns visitantes muito interessantes; uma roda de dríades a dançar é visão que não se esquece depressa.

Os seres dos planos interiores não são nem críticos musicais nem esnobes. Quando certo tipo de música funciona, eles a utilizam para provocar determinado efeito — ainda que seja *rock and roll*! O que lhes importa é a forma que a música assume e a emoção que a carrega. A música porém de nada vale, pois promove ressonâncias caóticas. Com efeito, em condições adversas, a música pode estimular uma profunda inquietação psíquica e até evocar demônios. Alguns festivais de *heavy metal* são utilizados por espíritos das trevas para seus próprios fins.

Locais de Culto

O culto legítimo encoraja a renovação de nossos laços com o Espírito; redireciona nossa consciência para a Fonte da vida, que é também o seu Fim último. Diz uma prece: "Que percebamos sempre, dentro de nós mesmos, o poder de Tua vida, para assim sabermos que somos *uma* coisa só Contigo e, por intermédio de Ti, uma coisa só com *tudo* o que vive."[4] Devido à nossa união essencial com o Um é que estamos inseparavelmente ligados a todas as formas de vida, pois o Um está em todas elas. "Não existe salvação no egoísmo"[5], e ainda: "Quando eu for levantado da terra, atrairei todos a mim" (João, 12:32). Num nível profundo, o que uma pessoa faz afeta todos os seres. A culminância e a profundidade do culto ocorrem quando somos levados para além de nós mesmos, quando não nos voltamos mais exclusiva e egoisticamente para a nossa pessoa, mas nos conscientizamos de uma realidade estupenda que permeia e preenche todas as coisas num nível oculto, porém perceptível.

Durante o culto, ocupamo-nos de algo mais que nós mesmos — a nossa consciência se expande e faz-se receptiva —, de modo que o mundo dos anjos torna-se acessível. Para muitas pessoas, o primeiro encontro com os anjos ocorre por ocasião de alguma espécie de culto. A sensibilidade aguçada, o poder da devoção e a receptividade ao invisível engendram as condições ideais para esse contato. Um bispo da igreja ortodoxa russa disse que, ao entrar pela primeira vez no santuário da igreja, foi assoberbado pela presença dos anjos. "Mas", completou, "com o tempo aprendi a ignorá-los."[6] Milhares, se não milhões de pessoas, têm consciência do

---

4. Do serviço de *The Solemn Benediction of the Most Holy Sacrament*, in *The Liturgy* (livro de orações da Igreja Católica Liberal [5ª ed., 1983]). Os grifos são meus.

5. Santo Agostinho, *Confessions* (trad. ingl.).

6. Nas igrejas ortodoxas, o santuário fica escondido dos olhos do público por um véu chamado *iconostas*; e nas igrejas ocidentais, esse véu se transformou na cancela de comunhão.

Divino (sob qualquer nome) durante o serviço religioso, bem como da presença de Seres de Luz que participam da cerimônia.

Místicos de todas as tradições divulgaram relatos, baseados em suas visões extáticas, de anjos prestando culto ao Um. Há inúmeras descrições dos ritos celestes que os anjos realizam para facilitar o fluxo de graça que alimenta e sustém os mundos. Na Cabala, ensina-se que o ser humano evoluído pode penetrar nas esferas superiores e participar ali do culto celeste. É bem possível que o uso de cerimônias elaboradas na prática religiosa advenha do desejo de reproduzir, de espelhar na Terra o ritual oferecido pelos anjos. As esplêndidas cerimônias do Templo de Salomão em Jerusalém refletiam o movimento da vida através das dimensões, com cada partícula viva do Um percorrendo os mundos do corpo, da alma e do espírito antes de sua transmutação final no fogo divino. A magnificência formal da eucaristia bizantina está bem distante, na *aparência*, da Última Ceia dos Evangelhos; no entanto, quem poderia dizer como a Última Ceia pareceu aos olhos do espírito? O rito cristão da eucaristia — independentemente da denominação — reflete, no tempo e no espaço, o sacrifício eterno, isto é, o fluxo primal e contínuo da vida divina.

Numa cerimônia xamânica da Roda da Cura, os poderes da criação, os devas, são convidados a partilhar o espaço sagrado com os participantes humanos e a intercambiar energias em reconhecimento de sua unidade subjacente no Um. As almas coletivas dos reinos animal, vegetal e mineral comparecem como convidadas e amigas respeitáveis. A árvore florida brota do centro da roda sagrada do xamã. A vida, em toda a sua variedade e complexidade, é celebrada como um evento cósmico, completo. O planeta Terra é venerado como o altar vivo desta maravilha do espírito encarnado: a existência física. O círculo de poder e sabedoria está nas mãos sagradas do grande mistério, o Um, a quem invocamos para "nos ajudar e curar" e para que todos os seres se realizem "caminhando na beleza".

Os lugares que as pessoas utilizam regularmente para prestar seu culto atraem um "anjo de louvor" que atua como o principal guardião do local. A função desse anjo é canalizar a adoração dos devotos para o Um que está acima de Tudo e funcionar como uma lente, um prisma para a descida correspondente da Graça que toda prece sincera atrai. Todo local de culto tem o seu anjo de louvor, seja uma sinagoga ou uma igreja, seja um círculo sagrado ou um altar doméstico, seja uma mesquita ou um templo. Sempre que penetramos num lugar sagrado, devemos "saudar" o seu anjo, invocando a bênção do Um sobre seu serviço invisível e, em muitos casos, desconhecido.

Um incidente ocorrido quando eu estudava os anjos de louvor pode ser útil. Ele mostra como, embora os anjos não tenham iguais na sua especialidade, estão circunscritos ao seu campo de operação, diferentemente dos humanos, que são universais. Eu assistia a uma missa católica, observando o ministério interior dos anjos de louvor. Antes da consagração do pão e do vinho, o padre entoou uma invocação para chamar os membros das diversas hostes angélicas. Notei que um dos anjos que responderam era novo naquela cerimônia particular — um noviço, se quiserem. Os anjos comunicam-se entre si com muita rapidez, mediante algo como relâmpagos mentais, de modo que o relato será dado à maneira de dois homens conversando. Durante a missa, pouco antes da Comunhão, o oficiante pegou um lenço e assoou o nariz. Apesar de fazê-lo discretamente, do ponto de vista da congregação, o anjo noviço, de sua situação privilegiada diante do altar, sentiu-se nitidamente fascinado com o gesto. Voltando-se para um companheiro mais experiente, o noviço indagou se o ato sonoro do padre com aquele pedaço de pano branco era alguma espécie de saudação ou anúncio cerimonial. O outro replicou que não era esse o caso; o padre apenas desobstruíra seu aparelho respiratório. Então o noviço perguntou: "O que é respiração?"

Um praticante criterioso da Magia Sagrada dos Anjos terá de conhecer os diversos locais de culto do seu bairro e apresentar-se aos anjos que os patrocinam. Uma frase útil para apresentar-se à maioria deles é: "Eu também sou um servidor de Deus." Partilhar informação com um anjo de louvor a respeito de seu trabalho, de seu lugar sagrado, pode beneficiar a ambos. Você poderá, por exemplo, pedir ao anjo do lugar que dirija parte da graça, que ele veicula regularmente durante o culto, para seu local sagrado e seu trabalho. Em contrapartida, oferecerá parte do orvalho celeste que cai sobre seu lugar sagrado ao anjo e seu trabalho. Uma bonita rede se estabelecerá assim entre todos os locais sagrados de uma área e seus anjos.

Qualquer religião é um Caminho Espiritual; qualquer edifício sagrado é um porta para o Paraíso. Quantas graças um bairro e sua comunidade podem receber por intermédio da resposta celeste aos ciclos diários e semanais de culto que dentro deles ocorrem! Que bênçãos maravilhosas podem descer do Alto à medida que cada local de culto imanta e, por sua vez, fortalece os outros locais da vizinhança por meio dos ciclos anuais dos dias santos de todas as religiões representadas na comunidade! Nossos próprios santuários privados tornam-se laços vivos nessa rede de graça; também nós podemos receber e doar.

Sobre a Terra estende-se um dossel de luz, uma cúpula de energia que protege o planeta. A função dessa cúpula é colocar a consciência psíquica da humanidade ao abrigo das trevas do mal, que buscam solapar a evolução humana e reconduzi-la aos níveis de barbarismo dos quais ela penosamente se distanciou. A energia que sustenta esse luminoso dossel provém dos corações de todos os homens e mulheres de boa vontade. São pessoas que pertencem a várias religiões e credos; mas todas elas, à sua maneira, estão avançando rumo a uma compreensão mais profunda do Um, independentemente da forma externa que suas crenças assumam. A ligação com a Luz do Altíssimo ultrapassa quaisquer limites sectaristas. As religiões organizadas fornecem uma moldura para o espírito, encorajando a percepção das coisas eternas e colocando as almas em evolução num relacionamento correto umas com as outras.

Cada local de culto projeta um vórtice de energia que vai fortalecer a cúpula de luz. Com os olhos do espírito, pode-se perceber uma abóbada radiante por sobre os edifícios sagrados e os lugares santos. Essa abóbada é utilizada pelos anjos de louvor e pelos iniciados para dirigir a energia rumo ao dossel de luz. Ela é também uma lente através da qual a graça descendente projeta o seu foco no local de culto e nas pessoas que ali se encontram. O mais importante, porém, é a grande cúpula, sobretudo nestes tempos de crescente consciência planetária. Organizações como a Maçonaria, e outros grupos semi-esotéricos, fornecem muita energia à cúpula, preenchendo as "lacunas" deixadas pelas religiões organizadas. Há ainda pessoas que, trabalhando sob a supervisão dos Senhores da Compaixão, se fazem guardiães da cúpula de luz que protege a Terra e seus filhos de males grandes demais para serem arrostados pela coletividade humana.

O arcanjo Sandalphon, guia arcangélico do nosso planeta, é também chamado o Príncipe da Prece. Quando as "grandes preces" são oferecidas, o próprio Sandalphon atua como anjo de louvor e as apresenta perante o altar supremo. Essas grandes preces acontecem quando milhares ou milhões de pessoas — rompendo fronteiras de raça e de nação — se juntam num só intento e se voltam para o Alto. Yom Kippur, Natal, Wesak, Divali ou Id al-Fitr são exemplos de "grandes preces". Mas o que talvez seja mais significativo nestes nossos dias de consciência global cada vez maior são aquelas ocasiões em que pessoas de todos os credos e nações se associam para interceder junto ao Um; quando gente de todo o planeta se reúne em oração para protestar contra a injustiça, a cobiça ou a exploração; ou quando as pessoas oram, no Dia Mundial da Saúde, pela cura da AIDS, ou no Dia da Preservação da Terra, pela saúde do globo. Essas também são "grandes preces". Quando pessoas de toda a face da Terra oram ao mesmo tempo, com a mesma intenção, Sandalphon reúne essas energias anímicas numa única Grande Prece e apresenta-a ao Coração da Luz. Com certeza, é nessas ocasiões que os anjos cantam "Glória a Deus nas alturas e paz na Terra aos homens de boa vontade".

Trabalho em Grupo

Uma das finalidades esotéricas da cerimônia é forjar um recipiente que possa recolher a energia do Alto e dirigi-la para o objetivo do ritual. Por exemplo, numa situação de conflito, um grupo de pessoas pode reunir-se com a intenção de ajudar a solucioná-la. Depois de escolher um local sagrado — com as necessárias medidas de proteção contra energias indesejáveis —, elas passarão a criar um "recipiente". Esse "vaso", feito das energias unidas dos participantes, encerrará suas auras; os focos emocionais e mentais de todos se juntarão para formar uma mente grupal, que será o "vaso".

Formado o vaso, o grupo invocará a energia de um mundo superior para enchê-lo. A técnica de invocação vai variar conforme a tradição ou o conhecimento do grupo; ela pode incluir som, canto ou mantra; combinar isso com movimentos sagrados, gestos estilizados ou dança; ou preferir o silêncio. Um grupo competente conseguirá levar consigo o vaso para os mundos superiores, mediante a projeção astral do grupo, e ali ele será enchido até as bordas com a luz inexaurível que emana do trono Divino. Depois de receber a graça do Alto, o grupo canalizará essa energia para a situação de conflito que foi o motivo de sua tarefa conjunta. Caso se trate de um trabalho de cura, o vaso pode ser enchido com as águas calmas (ver Exercício 2, página 71).

Todo ofício ritual atrai um membro do reino angélico que comparece para facilitar o fluxo de energia por ele gerado. Quando o participante humano assume a função de oficiante, o anjo correspondente "se acende", por assim dizer; ele brilha no nível astral e se liga à aura do oficiante durante a cerimônia. Nas grandes ocasiões, sabe-se de anjos que descem até mesmo ao nível etérico, tornando-se semivisíveis aos presentes. Os rituais que constituem a base do trabalho mágico em lojas maçônicas são elaborados segundo esse conhecimento. Os coros angélicos que cooperam com os homens nos rituais esotéricos recebem às vezes o título de "Anjos do Cerimonial". Eles conduzem as energias do rito que está sendo executado até os planos superiores, ligando a loja física às lojas interiores, as assembléias sagradas onde se conhece a vontade de Deus.

Não fazemos idéia do bem proporcionado por essas reuniões privadas de mulheres e homens evoluídos, desejosos de servir, que se oferecem para colaborar com os Senhores da Luz. Esse é o

"Ministério dos Anjos e dos Homens", composto por membros de ambos os reinos que vão à presença do Santíssimo para servir à Vontade divina dia e noite.

Parcerias

Vimos como as coletividades humanas dão forma a mentes grupais, quer se trate de uma torcida de futebol, de um partido político ou de uma nação. Onde quer que exista uma comunhão de ideais e emoções, nasce uma mente grupal. Algumas duram uns poucos anos, outras duram milênios. As religiões, ultrapassando fronteiras nacionais e gerações de homens, geram as maiores mentes grupais. Já que o propósito das religiões é tratar das coisas do espírito, as mentes grupais religiosas penetram mais fundo nos mundos superiores e, conseqüentemente, desenvolvem também almas grupais. Isso explica por que, embora a mente grupal de uma religião possa passar por períodos de aridez ou mesmo de maldade (cruzadas, inquisições, perseguições), seus adeptos ainda conseguem preservar o acesso à graça, à revelação e à união com o divino. A alma grupal, sendo de ordem diferente, não é desafiada pela mente grupal. Ela expressa uma realidade espiritual. Assim, toda religião tem um reservatório de graça, que flui pelos canais escolhidos, e anjos que facilitam o trânsito do "Orvalho Celeste", que irradia graça para suas formas exteriores.

Quando os fiéis elegem um dos seus para ter acesso ao reservatório de graça, o eleito passa por uma "iniciação formal". Essas iniciações variam de acordo com a tradição: ordenação para os sacerdotes cristãos e monges budistas, transmissão da autoridade rabínica para os judeus, "elevação" de um Grande Mestre na Maçonaria ou iniciação no culto de Wicca. Todos esses são exemplos de iniciações formais, que diferem também da iniciação esotérica Os que passam pela iniciação formal freqüentemente ganham acesso à assistência dos anjos, a qual varia de acordo com as disposições estabelecidas com o Céu nas diferentes tradições.

Os padres cristãos têm "anjos sacerdotais" que os assistem em suas funções, ou seja, quando atuam como representantes autorizados da alma grupal da igreja, com acesso à suas reservas de poder. Um Grande Inspetor Geral — trigésimo terceiro grau do Rito Escocês na Maçonaria — é um "Príncipe da Maçonaria". Na cerimônia que confere esse grau, dois grandes anjos brancos desse rito ligam-se ao recipiendário. Essas entidades angélicas tornam-se colaboradores que ajudam a nova autoridade no trabalho que tem pela frente. De modo parecido atuam os dois "Anjos Apostólicos" que secundam os bispos. Um bispo pode ignorar os níveis interiores e o modo como operam; mas quando "se abre" para desempenhar certas funções (uma bênção episcopal, digamos), os "Anjos Apostólicos" encaminham a graça invocada para os presentes.

Os anjos que trabalham com as autoridades de um grupo religioso facilitam o fluxo interno de energia pelos canais físicos humanos. Essa colaboração dos membros do reino angélico com os humanos investidos de funções sagradas é uma das responsáveis pela diferença dramática entre os homens quando no desempenho do ofício e quando vivendo apenas sua vida cotidiana. De modo algum os formalmente iniciados passam as vinte e quatro horas do dia assistidos por anjos. Como será explicado no exercício seguinte (*Revestindo as Asas da Manhã*, página 180), os anjos se ligam à aura humana por meio de uma "estrela" de luz interior. Quando o parceiro humano executa um ato de vontade no desempenho do cargo recebido, os anjos imediatamente aparecem para cumprir o seu dever. Muitas pessoas que passaram pela iniciação formal desconhecem a "parceria com os anjos". Afinal, a iniciação não é conferida para benefício pessoal do oficiante religioso. Mas como a tarefa deste seria aprimorada se ele, conscientemente, trabalhasse com os anjos de luz!

Todavia, o estabelecimento da parceria anjo/homem não está condicionada a uma iniciação formal. Essas parcerias tendem a ocorrer naturalmente quando os seres humanos obedecem à sua verdadeira vocação. Parece que o desprendimento atrai os anjos. Por isso vemos certos professores, enfermeiras, parteiras, médicos, agentes de cura, veterinários, assistentes sociais e outros trabalhadores "de vocação" assistidos por seres angélicos especializados na sua área. De fato, pelo que aprendi, é de crer que cada campo do esforço humano temperado pelo ideal de serviço ao bem, ao belo e ao verdadeiro atrai a cooperação dos anjos — tanto no nível da intuição quanto naqueles eventos sincrônicos que adornam a vida de uma alma dedicada.

Exercício 7

Revestindo as Asas da Manhã

Este exercício é uma união voluntária das consciências humana e angélica. Também é usado com algumas adaptações, na Tradição Esotérica Ocidental, para nos ligar às divindades dos mistérios dos antigos panteões. Trata-se de uma técnica de relação *voluntária*. Isso pode parecer estranho a princípio, mas uma vez experimentado descobre-se que é mutuamente benéfico. Aos humanos, propicia um antegozo dos níveis mais profundos de existência, um vislumbre do eterno esplendor das realidades incriadas, uma experiência do ser em sua pureza, despojado das limitações de tempo e espaço. Aos anjos, até onde sabemos, proporciona a experiência das belezas da plena manifestação, a possibilidade de palmilhar por algum tempo o mundo físico e uma fusão temporária com um ente que contém em si os quatro níveis (um homem). Assim, o anjo pode experimentar a totalidade do grande desígnio do Um. De um modo que apenas começamos a compreender, esta prática também fortalece os vínculos entre os reinos humano e angélico. Toda vez que se recorre a ela, o objetivo, chamado de *Dia do Sede Conosco* nos Grandes Mistérios, fica mais perto da concretização.

Sempre que um ser dos planos interiores é invocado, ele deixa um ponto de luz na aura do humano que o invoca. Esse ponto luminoso, que parece uma estrelinha aos olhos do espírito, funciona como um número de telefone: permite que a criatura humana chame a entidade com mais presteza no futuro. Eis uma das razões pelas quais a aura das pessoas espiritualmente evoluídas — místicos, xamãs e magos — têm tamanho impacto sobre os sensitivos.

O *único* motivo pelo qual estou compartilhando esta técnica esotérica é fazer com que os anjos possam caminhar conosco novamente. Se alguém for suficientemente insensato para usá-la em comunicações com subumanos, com elementais, com pessoas desencarnadas ou entidades estranhas à Luz, sobre sua própria cabeça recairão as conseqüências. Quem invoca intencionalmente os demônios do abismo recebe na aura uma marca que o disporá futuramente para um mal maior, talvez mesmo para a perdição. Amargo, com efeito, é o quinhão desses infelizes, penoso o seu retorno à Grande Jornada. No entanto, sabemos que "*todos* os Seus filhos estarão um dia a Seus pés, por mais que se desgarrem". Em nenhuma circunstância devem as pessoas recorrer a este exercício se estiverem fisicamente indispostas, sob tratamento ou supervisão psiquiátrica.

Sugiro que, de princípio, você use esta técnica com o seu anjo pessoal da Lua ou do Sol. Depois que se tornar proficiente graças à experiência, poderá empregá-la para comunicar-se com outros membros das hostes angélicas e, no devido tempo, até com os Senhores da Chama, os arcanjos. Convém praticar o exercício em local sagrado, embora mais tarde isso possa acontecer em qualquer lugar, com anjos previamente conhecidos.

Escolhido o anjo que você deseja contatar, estude tudo o que diz respeito a esse espírito de luz: seus atributos, as cores e símbolos relacionados com a sua função e regência nas fileiras celestiais. Providencie para não ser perturbado. Estabeleça um ciclo de respiração suave e rítmico. Não se incomode com ruídos exteriores, não lhes ofereça resistência: dê-lhes passagem livre e verá que deixarão de distraí-lo. Tome consciência da chama dourada no âmago de seu coração e concentre-se nela.

Em seguida, volte a atenção para a auréola, uma esfera de brilho alvo situada cerca de vinte centímetros acima do crânio. Esse centro é o seu Ser essencial, em perfeita consonância com o Absoluto. Os Provérbios falam dessa auréola quando dizem: "O espírito do homem é a candeia do Senhor" (Provérbios, 20:27) e de novo: "Sua candeia brilha sobre a minha cabeça e por Sua luz atravesso as sombras" (Jó, 29:3).

Se você conhece o "sinal de chamada" do anjo, elabore-o na sua imaginação, com a cor apropriada, até que ele assuma uma qualidade "independente" na consciência. Se não o conhece — e procurar saber o sinete de um determinado anjo é um dos objetivos da técnica em apreço —, passe para a etapa seguinte. Repita suavemente, várias vezes, o nome do anjo, até que se torne um mantra, uma pura vibração sonora. Deixe que o sagrado nome do anjo ressoe por seu corpo e aura, sintonizando-os com a freqüência angélica. No fundo, você está se transformando num diapasão que faz vibrar a mesma nota que o anjo. Quando perceber que entrou num estado de percepção diferente, diminua aos poucos o volume do canto e cesse a repetição.

Você sentirá uma presença tomando forma atrás de você. Recorra à visão imaginativa do olho espiritual (uma das curiosidades desse olho é que ele pode enxergar tanto à frente quanto atrás). O anjo, muito provavelmente, surgirá de início como uma "coluna" de força vibrante, um "pilar" vivo de luz iridescente, fulgindo sobretudo, mas não só, em suas cores principais. Pouco depois ele assumirá uma forma mais antropomórfica, com brilhantes asas-aura e soberbamente belo. Começará por adiantar-se e envolvê-lo em sua aura. Isso provoca uma sensação revigorante, já descrita como "champanhe no sangue". De fato, o ritmo do corpo, a freqüência cardíaca e a respiração podem elevar-se um pouco. Isso é normal e o corpo logo se adapta. Todavia, se tal não se der, encerre imediatamente o exercício.

Você sentirá o toque mental ligeiro, tateante do anjo que busca a sua permissão, a sua cooperação, o seu envolvimento. Ao contrário das formas divinas, que são criações de criaturas, os anjos mostram muita consideração para com seus "anfitriões" humanos e, conseqüentemente, procuram diluir, amenizar suas energias para não nos "chamuscar". Mas não confunda essa consideração da parte deles com o indício de que são menos poderosos do que as formas divinas. Longe disso. Na verdade, apenas os *realmente* fortes são gentis. Se por alguma razão você se recusar, o anjo partirá; se assentir, ele avançará a fim de envolvê-lo por completo.

A experiência de adentrar um "corpo" angélico é altamente subjetiva e, para os principiantes, um tanto desorientadora. É como se nos víssemos enredados numa luz muito forte, animada por uma *super*consciência, pelos padrões humanos. As faculdades físicas se aquietam, mas as psíquicas despertam e se expandem. Para estabilizar o que, afinal de contas, é uma fusão assustadora, volte a concentrar-se na auréola, deixando que esta vá aos poucos se confundindo com o *coração* do anjo. Isso tornará mais nítidos o toque mental e a relação telepática.

Abra a sua mente para a mente do anjo. No começo, você poderá sentir que suas emoções atingem um estado de quase bem-aventurança; mas se continuar concentrando-se na auréola, a resposta emocional ficará sob controle. Em se tratando de anjos, raramente a comunicação se dá pela linguagem articulada: eles se comunicam por emoção e imagem. O anjo lhe apresentará, pois, quadros mentais que às vezes passam em rápida sucessão; só a prática pode familiarizar você com a velocidade da vibração angélica.

Estabelecida a intimidade com o anjo, você receberá dele informações sobre a função e o papel que ele exerce. Entretanto, convém lembrar que um anjo quase nada sabe a respeito do que se passa fora de sua área de atuação. Os arcanjos não sofrem essa restrição devido à sua função cósmica superior; mas mesmo eles têm suas limitações. Talvez, de todos os arcanjos, Gabriel seja o melhor "professor", na medida em que é o Anunciador, o Dispensador da Sabedoria Espiritual, encarregado de supervisionar todas as almas encarnadas ou desencarnadas. Por isso, neste livro, ensinamos primeiro a magia sagrada de Gabriel.

É importante que você não se exceda. Inicialmente, bastam cinco minutos de contato. A consciência angélica, mais rápida que a humana, torna difícil sustentar a comunicação e reter os pormenores dela. Sessões breves e freqüentes são melhores que uma sessão única e demorada. Para encerrar a "comunhão", primeiro agradeça ao anjo e depois vá se afastando do pequeno Sol que é o *coração* do anjo. Ele compreenderá e passará a afastar-se do seu corpo, voltando a postar-se atrás de você. Em seguida, recolherá a aura que até então estivera cobrindo você, para que ambos se desliguem por completo. Mas você notará que um pontinho de luz, como uma gotícula de orvalho, permanecerá na sua aura. Esse pontinho ficará ali, e sempre que você voltar a mente para o anjo, mesmo num pensamento casual, ele brilhará como um farol e chamará a atenção da entidade. Essa estrela-aura também facilitará futuras comunicações entre ambos. Por fim, é muito importante que você restabeleça sua identidade repetindo seu nome várias vezes.

Antes que o novo "amigo" se vá, o melhor presente que você poderá oferecer-lhe será invocar a bênção do Santíssimo sobre ele, recorrendo à fórmula tradicional:

> *Santo anjo* [nome], *que estiveste comigo no tempo e no espaço, agradeço-te esse dom. Volta à tua esfera acompanhado pelo meu amor. Estejam contigo as bênçãos de Eheieh* [pronuncia-se Ehyeh] *até onde as possas receber. Anjo de Luz, em Nome do Um aceita a minha homenagem e o meu adeus.*

Após o exercício, tome uma bebida quente e um pouco de alimento para se restaurar.

Conclusão

Mencione a Cabala e os anjos aparecerão.

Os anjos são seres emotivos. Vivendo como vivem no plano astral, sua forma e substância vibram segundo a mesma energia que os humanos utilizam quando sentem emoção. Como já dissemos, os anjos não têm o mesmo espectro emocional dos homens; as emoções inferiores, como ódio, inveja, cobiça, ciúme, medo e depressão, ficam fora da experiência angélica. Entretanto, as notas superiores do espectro emocional da humanidade — amor, alegria, fé, desprendimento — são sentidas pelos anjos. Não fosse assim, a comunicação entre as duas ordens de criação se tornaria impossível. Mas o espectro angélico de emoções estende-se mais para cima, para além da experiência da maioria dos mortais. As emoções sublimes vividas por místicos e sábios ao longo das idades, como resultado do seu contato estreito com o Um, estão dentro do espectro natural dos anjos. O *samadhi* dos iogues, os êxtases místicos de Teresa de Ávila, a embriaguez divina dos contemplativos — tudo isso é partilhado pelos anjos.

Os anjos são, em essência, seres de pura energia, e toda energia provém de uma única Fonte. Eles são "transformadores" que estabilizam a onipotência para que possamos aprender com ela, crescer até ela. Só os humanos que estão na vanguarda da evolução — a Assembléia Sagrada, a Comunhão dos Santos — conseguiram transcender até mesmo os anjos e tornar-se os "Amigos de Deus". Embora nenhum anjo tenha alcançado jamais semelhante grau de intimidade com o Um, *talvez* — conforme eles nos ensinaram na infância da nossa espécie — nós, na maturidade do gênero humano, possamos conduzi-los para o recinto sagrado do Altíssimo.

Nós, os humanos — para bem ou para mal —, afetamos de algum modo tudo aquilo com que entramos em contato. Cada nível de nosso planeta já foi explorado, examinado, vasculhado. Escavaram-se as profundezas da Terra; subiu-se ao cume das mais altas montanhas; submarinos vão mais fundo e mais longe do que as baleias; "pássaros de ferro" feitos pelo homem atravessam as nuvens, aos milhares, todos os dias; e terráqueos caminharam pela superfície da Lua. O olho humano captou o nível microscópico "invisível", as funções internas dos corpos físicos, as fendas marinhas, os planetas do sistema solar e as galáxias longínquas. Mudamos tudo o que tocamos, intencionalmente ou não. Agimos sobre os quatro elementos, forçando-os a novas combinações e relações. Plantas e animais se transformam com os nossos cuidados ou desaparecem com a nossa perseguição. Como indivíduos e como espécie, somos catalisadores: deflagramos mudanças, estimulamos adaptações e provocamos transmutações. A marca de nossos pensamentos e sentimentos impregna e satura tudo à volta.

O mesmo se aplica às esferas invisíveis. Elementais, elfos e fadas têm sido afetados pela presença da humanidade — e também o reino angélico. Vimos como a atuação dos anjos adaptou-se a nós, embora isso não seja percebido pela maioria das pessoas. Eles estiveram conosco sob a forma de deuses da natureza e totens tribais; instruíram nossos sábios; mediaram a cura de nossos doentes e assistiram nossos moribundos. Os anjos abençoam nossas cidades, protegem nossos hospitais, vigiam nossos lugares sagrados e oram conosco. Procuram sempre conduzir as nações pelas veredas do Um. E, com desprendimento, amparam as almas despertas em sua ascensão através dos planos, para que recebam diretamente a luz do Alto.

As pessoas para quem o conhecimento da ação dos anjos não se baseia mais na fé, mas na experiência com essas entidades — praticantes da magia sagrada e seguidores de várias outras tradições —, freqüentemente se vêem às voltas com um problema: o da "gratidão". Os humanos têm necessidade de proporcionar prazer ao próximo. E quando alguém nos propiciou assistência e trouxe bênçãos maravilhosas para nossa vida, é muito natural que queiramos dizer algo mais que "obrigado". Mas o que se pode oferecer a um ser incorpóreo?

Presentes

Podemos "presentear" um anjo enriquecendo-o com experiências que ele nunca teve. *Podemos* agradecer a um anjo partilhando algo que possuímos. Evoque uma experiência passada, de grande beleza e que encheu a taça de sua alma até as bordas. Veja se se trata mesmo de uma experiência positiva, sem nenhum traço de negatividade, como o desafogo que sentiu quando alguém que lhe era caro se recobrou de uma doença. Pode ser a lembrança do primeiro beijo; a visão da alvorada à beira de um lago da montanha; a felicidade do reencontro com um velho amigo; a primeira vez que você ouviu o *Concerto para Piano nº 2,* de Rachmaninov, ou segurou ao colo um recém-nascido. As lembranças, é claro, serão diferentes de acordo com a pessoa — e é isso que constitui o encanto da vida humana. Não tenha medo de perder a lembrança depois de entregá-la a um anjo. Não a perderá; mas ganhará a ventura de compartilhá-la.

Depois de selecionar a recordação, burile-a na memória. Modele-a, evoque os detalhes e sensações; recapture o momento e sonhe com ele acordado. Em seguida, por um ato sutil de vontade, passe ao próximo nível, o nível astral da psique. Em poder do veículo que agora reveste, você verá uma forma geométrica luminosa, quase sempre multifacetada, radiante de cores suaves —

não existem duas iguais. É assim que a lembrança aparece quando trasladada para esse nível de existência.

Invoque o anjo a quem quer presentear. Se já trabalhou antes com ele, a resposta será rápida. Quando a entidade se manifestar, informe-a mentalmente de que deseja dar-lhe o que tem em mãos como um penhor de gratidão. Não se surpreenda caso as cores áuricas do anjo vibrem, alterando-se: é assim que a entidade demonstra satisfação no plano interior. Muito raramente um ser humano encarnado presenteia um espírito angélico.

Ao aceitar a oferenda, ele absorverá a forma geométrica. Os "fogos de artifício" resultantes, que você perceberá na aura do anjo, são a assimilação do seu presente: uma explosão de puro júbilo. A alegria indireta que você vai sentir também resulta da comunhão entre duas linhas evolutivas, unidas por um instante eterno, fora do tempo.

Metatron

No livro do Gênesis, há uma breve menção de um homem chamado Enoque (que significa "Iniciado"), o qual "caminhava com Deus e nunca mais foi visto". A Cabala ensina que esse Enoque — o primeiro mortal plenamente iluminado — foi transferido em vida para os mundos do Alto, como outros depois dele. Ascendendo em corpo, alma e espírito, Enoque compareceu perante o Divino e ali, com o fogo supremo atingindo cada átomo do seu ser, transformou-se no arcanjo Metatron.

O arcanjo Metatron, Príncipe da Serenidade, é o chefe de *todos* os anjos. Tem o título de "Senhor das Asas" e "Pequeno Yahveh", pois diz-se que somente os arcanjos da Presença podem distinguir entre Metatron e o Um. O arcanjo Metatron, postado no ápice das hostes celestiais, supervisiona a criação inteira e a evolução humana em particular. O título de "Pequeno Yahveh" indica que ele é um microcosmo completo, um reflexo do Um. Metatron é um humano perfeito e o maior dos arcanjos.

O arcanjo Metatron representa o "padrão", o protótipo da humanidade. Todos os seres humanos tornar-se-ão um dia criaturas perfeitas. Apenas Deus e os homens possuem a capacidade de experimentar conscientemente os reinos mineral, vegetal e animal, os mundos visíveis e invisíveis, bem como os níveis angélicos. Depois que os mortais aprenderem tudo o que o corpo pode ensinar, depois de desenvolverem suas almas a ponto de torná-las espelhos cristalinos para a luz e unirem-se com o seu espírito eterno, estarão prontos para transcender a criação e as próprias entidades celestes. Será o *Dia do Fica Conosco*, quando os filhos e filhas de Deus retornarão à Fonte que é também o Objetivo, levando consigo as colheitas de incontáveis existências. Como disse Paulo (Hebreus, 1:5), "a qual dos anjos disse jamais: 'Tu és meu Filho, hoje te gerei'?"

Foi para nos ajudar a alcançar esse destino que os anjos-mestres da humanidade partilharam a magia sagrada com nossos ancestrais. Foi para nos ajudar a alcançar esse destino que os iniciados, ao longo dos milênios, preservaram zelosamente a magia sagrada que ora o leitor tem em mãos.

Espero sinceramente que este livro apresse de algum modo o momento em que você comparecerá à presença do Santíssimo — à presença da luz diante da Qual até os anjos velam a face.

Exercício 8

O Templo do Coração

O Senhor está no Seu templo sagrado — que todos os mundos silenciem diante Dele.[1]

Todo ser vivo *é* macho, fêmea e divino. Este exercício ajudará você a se concentrar e a começar a tecer o seu próprio relacionamento, sua aproximação íntima com o Eterno. Valendo-se de formas simbólicas, ele o capacitará a encontrar a sua mais entranhada identidade: o Deus Interior.

Assegure-se de que não vai ser perturbado. Sente-se confortavelmente, mas não a ponto de ficar sonolento: costas retas, pernas descruzadas e mãos sobre os joelhos. Feche os olhos. Respire fundo, ritmicamente, sem esforço. Estabeleça o padrão de respiração até que ele se estabilize. Deixe a consciência repousar na escuridão fecunda. Nada de cuidados, nada de medos — exista apenas. Mentalmente, construa o sinal de chamada do seu anjo lunar; construa-o com luz prateada até que ele comece a fulgir suavemente. Ao fazer isso, sentirá um leve peso no ombro esquerdo, indicando que o anjo da Lua chegou. Dê-lhe boas-vindas com palavras do tipo:

1. De um ritual iniciático.

"[Nome], *meu sagrado anjo da Lua, eu te saúdo em nome do Um.*"

Deixe que a aura do anjo o envolva suavemente.

Mentalmente, construa o sinal de chamada do seu anjo solar, com luz dourada. Quando ele começar a brilhar, você sentirá uma ligeira pressão no ombro direito, indicando que seu apelo foi ouvido. De novo, dê boas-vindas:

"[Nome], *meu sagrado anjo do Sol, eu te saúdo em nome do Um.*"

Sinta a aura do anjo envolvendo você. Agora, você está banhado em prata e ouro; acabam de despertar no seu íntimo as energias masculina e feminina, harmônicas e vibrantes.

Os anjos do Sol e da Lua dão um passo à frente, tomam-lhe as mãos e erguem-no. Diante de você, flutua um grande botão de rosa encarnado que começa a abrir-se, revelando um núcleo de suave radiância que emite uma paz profunda. Os anjos o guiam para essa dimensão de sacralidade e você penetra no Templo do Coração.

Lá dentro, ergue-se o Altar da Redenção, feito de mármore branco coberto por uma toalha dourada, sobre o qual se vê um cálice cintilante. O cálice é de desenho simples, belo na pureza de suas linhas, e fulge com um brilho interior como se fosse uma lâmpada. Deixe que a tranqüilidade desse lugar penetre todo o seu ser. Faça com que o poder da paz que flui da Taça das Taças preencha os vazios do seu eu. Deixe que essa influência transforme seus padrões de pensamento habituais e suas respostas emocionais em objetos de beleza, esperança, fé e criações maravilhosas. Eis a sua herança de filho do Um: você será amado para sempre, para sempre protegido e perpetuamente guiado em seus caminhos.

Do outro lado do altar, você poderá ver o seu Mestre ou Eu Superior. Erga o cálice, símbolo da eterna união entre o Criador e a Criação. Vire o Graal e beba em longos haustos, para refrescar a alma.

No fundo do cálice, brilha uma jóia facetada. Sua luz é gloriosa, um arco-íris que encanta e deleita. Mas não deixe que ela o enfeitice: procure ver através dela. A jóia se esfuma e na escuridão do bojo da taça surge uma chama dourada e imóvel: que é Deus.

Aquietai-vos e sabei que eu Sou Deus.[2]

Finda a sua comunicação com o Um, coloque o cálice sobre o altar. Os anjos que o acompanham ladeiam-no e retiram-no do Templo do Coração. As pétalas da rosa voltam a fechar-se, velando a Imanência. Retorne então à consciência de seu corpo material. Abra os olhos lentamente, reassumindo sua identidade dentro do aspecto físico da realidade.

Você poderá fazer este exercício sempre que necessitar. Quando as pressões do cotidiano lhe parecerem excessivas, dirija-se ao templo interior e beba da Presença que cria e mantém eternamente o universo. Quando se sentir esmagado além de suas forças, siga o conselho do salmista e "lança o teu cuidado sobre o Senhor e ele te susterá"[3]. Quando precisar de cura para você mesmo ou para outros, leve essa intenção para dentro do Templo do Coração e submeta-a confiadamente à Luz Ilimitada.

Entre ali, também, para dar graças pelas incontáveis bênçãos recebidas. Penetre esse núcleo de paz com atenta receptividade e ouvirá a Voz pequena e suave. Ela lhe ensinará mais coisas que todos os livros do mundo. Ali está a Onisciência, se você se dispuser a escutá-la. Entre e repouse na presença do Amantíssimo.

2. Salmos, 46:10.
3. Salmos, 55:22.

Apêndice I

As Escritas Angélicas

Duas são as escritas usadas na *Magia Sagrada dos Anjos*: a *Escrita Tebana* e a *Escrita da Passagem do Rio*. São escritas simbólicas. O símbolo é a sombra da realidade interior. Essas escritas, ou alfabetos, não são línguas específicas, mas sinais que reproduzem os caracteres do alfabeto da língua do praticante. Por exemplo, o nome próprio "Davi" é escrito com os sinais das escritas angélicas que correspondem a D, A, V, I. Essas escritas sagradas vêm sendo usadas há séculos para invocar anjos de luz, tendo, portanto, muita ressonância no reino angélico. Elas também "alimentam" as petições: uma vez que exigem concentração extra, impregnam essas petições de intensa energia mental.

A Escrita Tebana

Esta escrita mágica deve seu nome a Honório de Tebas e é às vezes chamada de *Escrita Honoriana* (ver Tabela 1, página 194). Está estreitamente relacionada com a Lua e com as energias luna-

Tabela 1. A Escrita Tebana.

res, afetando os níveis etérico e astral inferior. Responde intensamente à Tábua de Invocação da Lua. A tabela mostra o alfabeto da Escrita Tebana em correspondência com o latim. Como em muitas escritas antigas, não existe equivalência para as modernas letras J, U e W. Nesses casos, o símbolo tebano para I substitui o J; o V tebano também reproduz o nosso U e é escrito *duas vezes* para representar o W.

A Escrita da Passagem do Rio

O nome desta escrita deriva do relato do Gênesis sobre os quatro rios — Pisom, Eufrates, Giom e Hidéquel — que atravessavam o Jardim do Éden. Eles corriam da Árvore da Vida em direção aos quatro pontos cardeais. Uma vez que "Éden" significa "Tempo", os rios correndo para as quatro direções provavelmente se referem a "Espaço" e sua definição. A escrita é conhecida ainda como *Escrita Talismânica do Rei Salomão.*

Ela encarna uma poderosa magia em si mesma e baseia-se na lei universal da vibração (ver Tabela 2, página 196). Corretamente usada, gera um vórtice de energia a partir do nível mental, que cruza os níveis astral e etérico até o físico. Ao escrevê-la, devemos ir pronunciando as palavras à medida que as registramos, dando assim alento — o Sopro Sagrado da Vida — aos símbolos gráficos. Esse ato impregna os símbolos da escrita juntando os níveis e provocando um fluxo de energia que emana do mental e chega aos níveis físicos do ser. Idêntica disciplina é exigida dos monges e monjas quando recitam sozinhos (e não coletivamente, no coro) o Ofício Divino. Eles "sopram" as preces, movendo os lábios para formar palavras inaudíveis. Assim, as palavras litúrgicas já não se restringem ao nível mental, mas materializam-se pela prolação física. O Verbo se manifesta na Terra.

A *Escrita da Passagem do Rio* não é usada em transliteração direta como a Escrita Tebana, mas foneticamente ("casa" será transcrito como "Kaza"). A Tabela 2 mostra que alguns símbolos têm valor silábico, além de serem atribuídos a uma letra. Por exemplo,

Tabela 2. A Escrita da Passagem do Rio.

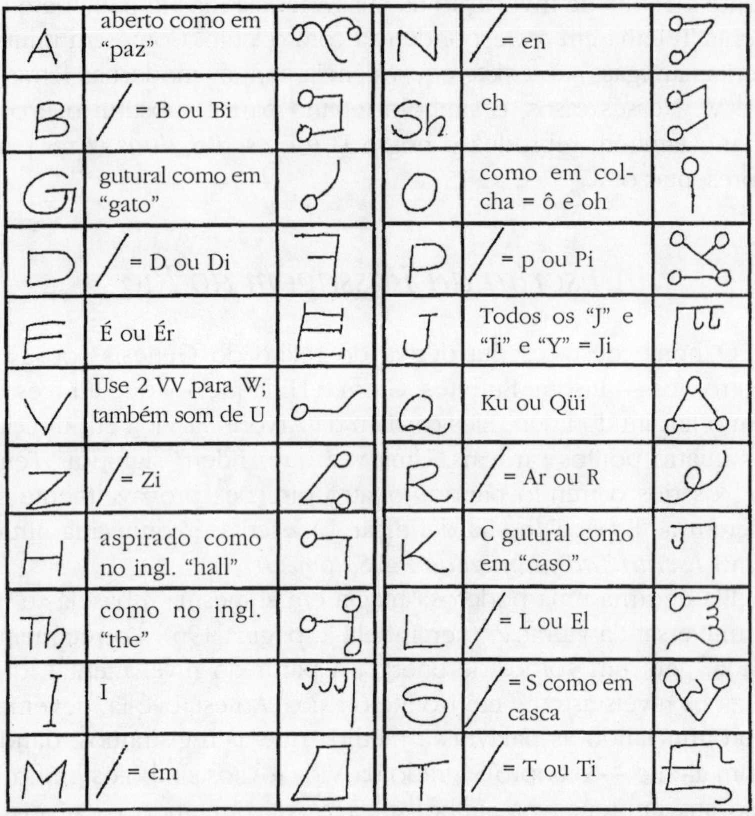

o símbolo para a letra B também soa como "bê". Exige-se diligência e engenhosidade no uso dessa escrita, mas os resultados compensam amplamente os esforços.

Apêndice II

Os Ciclos do Céu

A Tabela 3 (página 198) mostra as correspondências dos Anjos-Mestres da Humanidade. Fornece o nome do anjo, o dia semanal de invocação, as cores que se harmonizam com a sua vibração, o número de dias em que os augúrios se manifestam em caso de aceitação do Alto e a órbita cronológica — espaço de tempo necessário para o anjo realizar a tarefa.

O anjo Samael costuma trabalhar rápido; freqüentemente destrói padrões obsoletos, removendo velharias para a manifestação de novas circunstâncias. Às vezes suas bênçãos vêm disfarçadas (a mudança pode parecer decepcionante), mas ele nunca deixa o solicitante esperar por muito tempo.

O anjo Sachiel de Júpiter pode propiciar resultados a qualquer tempo. Trata-se de uma entidade benevolente que aproveita a primeira oportunidade para agir. Agradáveis surpresas costumam acompanhar os resultados de sua magia.

O arcanjo Uriel apresenta seus resultados de uma maneira única e peculiar; lâmpadas e equipamentos elétricos são freqüentemente afetados por suas manifestações. Os resultados aparecem quando menos se espera.

Tabela 3. Correspondências dos Anjos-Mestres.

ANJO	DIA	CORES	AUGÚRIOS	ÓRBITA
Miguel	domingo	amarelo-dourado e laranja	7 dias	1 ano
Gabriel	segunda-feira, Lua Nova e Cheia	prata, azul-escuro e verde-claro	28 dias	3, 9 ou 12 meses
Samael	terça-feira	vermelho, escarlate e laranja	7 dias	geralmente rápido
Rafael	quarta-feira	amarelo e preto	7 dias	muito rápido
Sachiel	quinta-feira	púrpura e roxo-claro	7 dias	a qualquer tempo
Asariel	quinta-feira	verde	não invocado diretamente	não invocado diretamente
Haniel	sexta-feira	rosa e azul-claro	28 dias	6 meses
Cassiel	sábado	azul-escuro e verde-escuro	3 meses	4 anos
Uriel	sábado	azul-cintilante e íris	14 dias	subitamente

A magia de Rafael é rápida — ele também aproveita a primeira oportunidade para agir —, mas às vezes os resultados apenas se manifestam e você tem de dispô-los numa certa ordem ou seqüência. Cartas, anúncios ou documentos costumam desempenhar papel de relevo na resposta de Rafael aos pedidos. Se, depois de invocar o arcanjo Rafael, algo lhe chamar a atenção num jornal ou revista, acate a mensagem.

Apêndice III

Deuses e Anjos

Antes do advento das religiões monoteístas, Judaísmo, Cristianismo e Islamismo, os seres ora denominados "anjos" eram conhecidos como "deuses". Ainda hoje, para muitos povos, o caminho espiritual consiste em adotar esses antigos panteões — o Um adorado por intermédio dos Muitos —, e esse caminho é tão eficaz para sua evolução quanto as outras sendas espirituais trilhadas por aqueles que veneram apenas o Um e dão aos Seus ministros o nome de "anjos".

Os iniciados na Tradição Esotérica Ocidental dedicam-se ao Santíssimo Um. No entanto, continuam a invocar os deuses dos antigos mistérios, pois eles representam poderosos arquétipos do inconsciente coletivo. As formas dos deuses estão profundamente enraizadas nos níveis arcaicos da memória humana. São vigorosas imagens que, usadas com sabedoria, permitem-nos apreender os aspectos transpessoais e até cósmicos do Divino.

A Tabela 4 (página 200) identifica os Anjos-Mestres da Humanidade e suas correspondências com as formas divinas das grandes correntes esotéricas da Tradição Iniciática Ocidental.

Tabela 4: Os Anjos-Mestres na Tradição Antiga.

ANJO	EGÍPCIO	GREGO	CELTA
Miguel	Rá	Hélios Apolo	Lugh Nuada
Gabriel	Ísis Khonsu	Selene Ártemis	Arianrhod
Samael	Hórus	Ares Atena	Morrigan
Rafael	Thoth	Hermes	Gwydion
Sachiel	Sobek	Júpiter	Math Dagda
Asariel	Nun Hapi	Posídon	Manannan
Haniel	Min Hathor	Pã Afrodite	Rhiannon
Cassiel	Osíris	Crono	Ceridwen
Uriel	Set	Urano	Taliesin

Apêndice IV

As Hierarquias da Luz

Dez são as hierarquias dos entes celestiais que correspondem aos dez Sephiroth da Árvore Sagrada da Vida. Cada um dos dez nomes divinos é também um título aplicado a uma hierarquia de luz. Essas hierarquias são:

Hierarquia de Eheieh: os Arcontes, Iniciadores Originais da Criação. Cada arconte é pintado na arte sacra como as quatro criaturas sagradas: a águia, o leão alado, o touro alado e o homem alado. São os mensageiros da Vontade Primitiva do Bem, que eternamente cria e sustenta o universo.

Hierarquia do Tetragrama: os Auphanim de Chokmah. São os seres poderosos cujos "corpos" são indicados pelos movimentos das estrelas. Eles dão origem à influência que flui pelas constelações do zodíaco. São os Senhores das Estrelas.

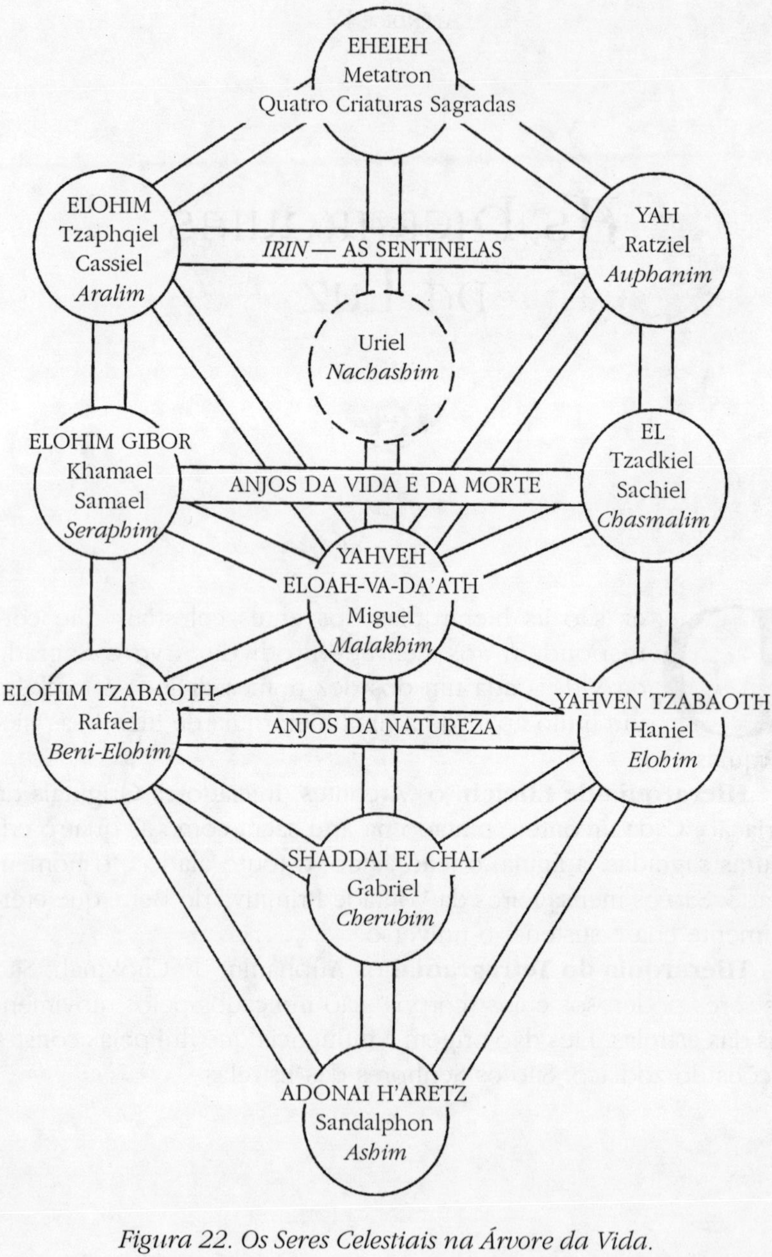

Figura 22. Os Seres Celestiais na Árvore da Vida.

Hierarquia de Elohim: os seres de Binah, os Aralim. São os criadores da forma animada. Todas as formas da criação são produtos dos Elohim. Aralim significa "os tronos". Todo altar verdadeiramente consagrado dos Mistérios é considerado um trono do Um. Conseqüentemente, supervisiona-o um dos Aralim. Binah é também a esfera da Supremo Shekinah — o "Pilar de Fogo" sobre o altar; ele desce do alto e torna a subir, unindo assim os mundos.

Hierarquia de El: os Chasmalim de Chesed. Entre os Brilhantes, são os senhores de compaixão — chamados no Oriente de *Bodhisattvas*— que preferiram não mergulhar no grande repouso do Absoluto até que toda vida evolutiva se liberte dos laços da morte e do renascimento.

Hierarquia de Elohim-Gibor: os Seraphim (serafins), anjos guerreiros encarregados de conter o mal em seus limites prescritos. A essa hierarquia pertencem também os Geburahim (às vezes chamados de Polícia Secreta), cuja função é monitorar a magia negra e a corrupção entre os grupos esotéricos, bem como eliminá-las quando ordenado pelo Alto. Seu poder é o do fogo da purificação.

Hierarquia de Yahveh-Eloah-va-Da'ath: entidades de consciência solar. Vão desde os *Logoi* solares — seres cujos envoltórios físicos são sóis — à força crística, que pode ser expressa como a tendência universal para a unicidade com a Vontade Divina. Essa tendência redentora é inerente a todos os seres e situações.

Hierarquia de Yahveh-Tzabaoth: seres que executam as tarefas dos devas da natureza por toda a criação.

Hierarquia de Elohim-Tzabaoth: anjos que trabalham principalmente com a edução da consciência. À medida que as revelações são enviadas do alto, essa hierarquia procura ajudar as unidades evolutivas da consciência a formar novos conceitos e idéias que as expressem. Sua tarefa inclui traduzir a mentalidade abstrata em mentalidade concreta.

Hierarquia de Shaddai-El-Chai: anjos e outros seres responsáveis pela encarnação do espírito. A função desses "construtores" é formar os corpos etérico e físico para a vida encarnada.

Hierarquia de Adonai-Malekh: a hierarquia evolutiva da humanidade. A décima hierarquia está destinada a tornar-se humanidade. No momento, uma pequena percentagem de homens e mulheres forma um grupo que assume nomes diferentes em diferentes tradições espirituais: Israel Espiritual, Grande Loja Branca, Companhia dos Justos Tornados Perfeitos, Colégio do Espírito Santo, a Ordem do Retiro. Mas o número desse grêmio augusto aumenta de geração para geração e de idade para idade. Eles fazem a mediação entre a humanidade encarnada e as outras nove hierarquias de luz. É desses homens e mulheres iluminados que todas as verdadeiras escolas iniciáticas recebem os ensinamentos e a vitalidade para a sua obra. Quando a humanidade como um todo cumprir o destino que Deus lhe impôs, ela compreenderá aquilo que é simbolizado pelo homem alado, o quarto arconte da coroa, e toda a onda de vida humana tornar-se-á a décima hierarquia, a hierarquia de Adonai-Malekh.

Em virtude da faculdade do livre-arbítrio, somente os humanos podem optar por amar, servir e unir-se ao Um. Quando isso acontecer, o Criador — como ensina a Cabala — será restaurado no Seu trono, que é o coração humano. E Deus será tudo em todos.

Bibliografia

Blake, William. Ver *Blake: Complete Writings*. Geoffrey Keynes, org. Londres: Oxford University Press, 1966.

Coleridge, Samuel Taylor. *Biographia Literaria*. George Watson, org. Boston: Charles E. Tuttle, 1993.

Fortune, Dion. *The Sea Priestess*. York Beach, ME: Samuel Weiser, 1978.

_______. *Through the Gates of Death*. Londres: Aquarian Press, 1987. [*Através dos Portais da Morte*, publicado pela Editora Pensamento, São Paulo, 1987.]

Hodson, Geoffrey. *Kingdom of the Gods*. Adyar, Índia: Theosophical Publishing House, 1955. [*O Reino dos Deuses*, publicado pela Editora Pensamento, São Paulo, 1982.]

Leadbeater, C. W. *The Devachnic Plane*. East Sussex, Inglaterra: Society of Metaphysicians, 1986.

Mathers, S. L. MacGregor, trad. e org. *The Key of Solomon the King*. York Beach, ME: Samuel Weiser, 1972; Londres; RKP, 1972.

_______. *The Sacred Magic of Abra-Melin the Mage*. Londres: Aquarian Press, 1986.

Owen, Reverendo G. Vale. *Battalions of Heaven*. Londres: Greater World Association, 1959.

Scholem, Gershom, org. *The Zohar*. Nova York: Schocken Books, 1963.

Santo Agostinho. *Confessions* (trad. ingl.). Nova York: Sheed & Ward, 1943.

"The Solemn Benediction of the Most Holy Sacrament", in *the Liturgy of the Liberal Catholic Church*, 5ª ed., 1983.

Timlett, Peter Valentine. *The Twilight of the Serpent*. Londres: Corgi Books, 1977.

Williams, Charles. *The Place of the Lion*. Grand Rapids, MI: Eerdmans, s/d.

Estudo Complementar

O Sacerdócio da Luz é uma Escola da Tradição Oculta Ocidental que trabalha principalmente com as correntes cabalística, egípcia e hermética dos Mistérios. Seu objetivo é preparar os magos e mestres que vão servir à humanidade no próximo milênio. Um curso supervisionado por correspondência, oferecido pela escola, constitui etapa preparatória antes da Iniciação nos Mistérios. O curso envolve estudo, meditação e cerimonial como habilidades básicas necessárias para a obra esotérica empreendida por Iniciados a serviço do Santíssimo.

O termo "sacerdote" é utilizado (como no Egito antigo) em sentido abrangente, sem relação com sexo, mas referindo-se à capacidade e responsabilidade da pessoa nos Mistérios.

Para mais detalhes sobre aprendizado e trabalho, escreva para:

The Secretary
P.T.L.
P.O. Box 9245
London NW105WG
England

Abençoados sejam, na Grande Jornada, aqueles que leram este livro.

Ele é Um e Único.
Abriga-te à Sombra de Suas Asas
E que a Luz desça sobre ti.

foto de John Noble

David Goddard é um mestre bastante conhecido da Tradição Esotérica. Dirige o Sacerdócio da Luz, escola da Tradição Oculta Ocidental. De ascendência britânica e cigana, interessou-se desde cedo pela filosofia esotérica. Aprendeu sob a orientação direta de Anciãos e Iniciados das tradições cabalística e hermética. David ensina a Magia Sagrada dos Anjos há cerca de vinte anos e, nessa função, viaja freqüentemente, dando curso em diversos pontos do globo. Seu dom especial como Instrutor dentro dessa tradição tem sido internacionalmente aclamado, representando um relacionamento especialíssimo com os poderes celestiais.